셀프헬프
self · help
시리즈 ⑥

"나다움을 찾아가는 힘"

사람들은 흔히, 지금의 내가 어제의 나와 같은 사람이라고 생각한다. 이것만큼 큰 착각이 또 있을까? 사람은 매 순간 달라진다. 1분이 지나면 1분의 변화가, 1시간이 지나면 1시간의 변화가 쌓이는 게 사람이다. 보고 듣고 냄새 맡고 말하고 만지고 느끼면서 사람의 몸과 마음은 수시로 변한다. 그러니까 오늘의 나는 어제의 나와는 전혀 다른 사람이다. 셀프헬프self·help 시리즈를 통해 매 순간 새로워지는 나 자신을 발견하길 바란다.

경쟁, 입찰, 수주, 제안 프레젠테이션 현장 실사례

누가 저 대신 프레젠테이션 좀 해주세요

초판 2쇄 발행 | 2017년 9월 30일
초판 1쇄 발행 | 2017년 6월 10일

지은이 | 박서윤 · 최홍석
발행인 | 김태영
발행처 | 도서출판 씽크스마트
주　소 | 서울특별시 마포구 토정로 222(신수동) 한국출판콘텐츠센터 401호
전　화 | 02-323-5609 · 070-8836-8837
팩　스 | 02-337-5608

ISBN 978-89-6529-159-6　93320

이 도서의 국립중앙도서관 출판예정도서목록(CIP)은 서지정보유통지원시스템 홈페이지(http://seoji.nl.go.kr)와
국가자료공동목록시스템(http://www.nl.go.kr/kolisnet)에서 이용하실 수 있습니다.(CIP제어번호: CIP2017009492)

씽크스마트 • 더 큰 세상으로 통하는 길
도서출판 사이다 • 사람과 사람을 이어주는 다리

PT

누가 저 대신
프레젠테이션
좀 해주세요

경쟁 / 입찰 / 수주 / 제안 / 프레젠테이션 현장 실사례

이기는PT 박서윤
이기는PT 최홍석

사이다
사람과 사람을
이어주는다리

프레젠테이션을 하는 순간 무대 위의 프레젠터는 공인이라고 생각합니다. 숨소리 하나, 손짓 하나, 말의 여백까지도 메시지가 될 수 있는 순간이기에 어려운 것이 프레젠테이션이죠. 이 책에 그 해답이 있습니다.

- 전 안동 MBC 아나운서, 김지윤

"우리는 참 좋은 기술을 가지고 있습니다."
"우리의 이 물건은 정말 최고입니다."
하지만 아무리 좋은 기술과 원천을 가지고 있어도 고객에게 채택되어서 세상의 빛을 볼 기회가 없다면? 이러한 물음은 프레젠테이션의 중요성과 더불어 전문 프레젠터 등장의 당위성을 설명해준다. 이 책은 기업 내에서 프레젠터 역할에 부담을 느낀 사람이 품을 법한 거의 모든 궁금증을 해소해줄 친절한 프레젠테이션 가이

드북이다. 프레젠테이션 준비와 현장 상황 분석까지 빈틈없이 담긴 《누가 저 대신 프레젠테이션 좀 해주세요》와 함께하는 순간, 당신의 PT는 이미 이기는 결승점을 향해 달려갈 것이다.

– KBS 리포터, 권인아

이건 반칙이다! 평가받는 자리는 늘 불편하고 긴장된다. 게다가 회사의 분기 또는 연간 수입이 달려 있는 자리라면 프레젠테이션을 맡는 순간부터 끝날 때까지 아랫배는 살살 아프고 입맛도 없을 것이다. 타임머신이 있어서, 클라이언트가 뭘 원했고 어떤 이야기를 듣고 싶었는지 알 수만 있다면, 당신이 프레젠테이션에 쏟는 노력은 절반으로 줄고 자신감은 몇 배가 될 것이다. 물론 밤을 새울 필요도 없다. 이 책은 단순히 '말 잘하는' 방법만 알려주는 책이 아니다. 업계 No.1 최홍석, 박서윤 프레젠터가 수백 건의 입찰 PT를 진행하며 모아온 실전 노하우가 그대로 담겨 있다. 마지막 장을 읽는 순간, 당신은 자신의 전문 분야뿐 아니라 수백 건의 다양한 프레젠테이션을 직접 진행한 프레젠터의 자신감이 가득 찬 눈빛으로 변해 있을 것이다. 그리고 당장 이번 PT를 위해 어떤 준비부터 해야 하는지 명확해질 것이다.

- KBS 리포터, 박성진

일반 프레젠테이션과 입찰 프레젠테이션은 분명한 차이가 있다. 그 차이를 극복하고 싶은데 쉽게 알 수도, 배울 수도 없던 전문가의 노하우! 대한민국 대표 입찰 PT 전문가의 생생한 입찰 비법이 여기에 고스란히 담겨 있다. 짧은 시간 안에 상대의 마음을 움직여야 하는 당신이라면, 그리고 입찰 PT 전문 서적에 목말랐던 당신이라면 단비와 같은 이 책과 함께하길 바란다. '이기는 당신'의 소중한 파트너가 되어줄 것이라 확신한다.

- 전 삼성전자 전문 프레젠터, 안효정

듣는 사람의 마음을 움직이는 비법을 담은 이야기. 말이 아니라 교감을 할 수 있는 비법을 담은 이야기. 머리끝에서 발끝까지 자신감을 얻게 되는 비법을 담은 이야기. 직접 겪은 경험들이 충분히 있기에 가능한 비법이라 생각합니다.

- UandNa company 대표, 최리나

누가 저 대신 프레젠테이션 좀 해주세요

피아노를 배울 때 《체르니》가, 영어를 시작할 때 《성문영어》가 필요하듯, 프레젠테이션을 피할 수 없다면 이 책을 반드시 읽어야 한다. 프레젠테이션의 기본기를 다질 수 있는 방법은 물론, 현장에서 바로 적용 가능한 꿀팁이 가득하다. 입찰 PT 스페셜리스트의 통찰력이 녹아 있는 이 책 한 권이면 언제나 이기는 PT가 가능할 것 같은 느낌!

– 청운대 교양학부 외래교수, 최란

단순히 말만 잘하는 일이라면, 단순히 대본을 그대로 전달만 하는 일이라면 프레젠테이션을 공부하기보다는 아나운서나 앵커를 준비하는 공부를 하는 게 맞을 것이다. 나 또한 방송을 하는 현직 쇼호스트 겸 라디오 PD로서 말하는 일에는 어느 정도 자신 있는 사람이었다. 하지만 프레젠테이션은 그냥 단순히 말을 잘하는 것과는 다르다. 현장의 분위기와 돌발 상황, 허를 찌르는 질문과 나를 공격하는 사람들, 심사위원을 움직이게 하는 말과 그 반대의 행동에 대해 아무도 알려주지 않는다. 이 책은 그런 현장의 문제를 풀 비책을 담아 우리에게 찾아온다. 궁금했지만 베일에 싸여 있던 현장의 분위기를 경험한다면 프레젠테이션에 충분히 도움이 될 것이다. 발표를 잘하는 일이 우리의 목표가 아니다. 발표를 통해 이기는 것이 목표다.

– 쇼핑엔티 쇼호스트, 최진

누구나 사람들 앞에서 멋있게 이야기를 하고 싶은 로망이 있다. 그리고 그 기분 좋은 상상은 늘 아쉬움으로 멈춘다.《누가 저 대신 프레젠테이션 좀 해주세요》는 기분 좋은 상상을 실현할 수 있게 도와주는 실전 프레젠테이션 책이다. 이 책을 읽고 나면 당신은 사람들 앞에 나서는 일에 자신감이 생길 것이다. 그리고 그 성과를 누리게 될 것이다.

– 쇼호스트, 최진우

"나만 알고 싶은 식당이야" "나만 알고 싶은 영화야"라는 말처럼 '나만 알고 싶은'이라는 말은 설득당하기도, 설득하기도 쉬우면서 가장 강력한 말입니다. 지금 제 손에는 '저만 알고 싶은 책' 한 권이 들려 있습니다. PT를 준비하고 실행에 옮길 때 생길 수 있는 틈을 샅샅이 살펴주는 책, 불완전한 PT에서 벗어나 완전한 PT를 하고 싶다는 욕망을 채워줄 수 있는 책, PT에 대한 불안감을 기다림으로 바꿔줄 수 있는 책. 지금 제 손에는 저만 알고 싶은 책《누가 저 대신 프레젠테이션 좀 해주세요》가 들려 있습니다.

– 티브로드 아나운서, 최현서

승리를 위한 프레젠테이션 현장 지침서! 경쟁 프레젠테이션은 실전입니다. 단 한 번의 기회와 단 한 팀의 승리로 끝나는 냉정한 세계입니다. 어떤 이론보다 풍부한 현장 경험이 중요합니다. 최근 입찰 프레젠테이션에서는 입찰 기업에 속한 사람이 직접 발표하길 원합니다. 신뢰성과 전문성을 모두 살피겠다는 생각입니다. 이에 앞서가는 조직은 서둘러 내부에 전문 프레젠터를 보유하고자 하지만 탄탄한 기본기를 바탕으로 풍부한 경험을 갖춘 전문가를 양성하기란 쉽지 않습니다. 이 책의 저자들은 수백 번 프레젠테이션 무대를 누빈 전문가이자 기본기가 탄탄한 선수들입니다. 경쟁 프레젠테이션에서 승리자가 되고 싶다면 지금 이 책을 통해 프로의 현장 노하우를 훔치시기 바랍니다.

– 스토리웍스 컴퍼니 대표, 박주훈

기업, 기관에서 입찰 심사를 하다 보면 '그 내용만 보강했더라면 좋았을 텐데…' '저 부분만 달리 표현했더라면 좋았을 텐데…' 하며 아쉽게 탈락한 팀의 발표를 되짚어 보는 때가 많다. 경쟁 프레젠테이션에서 2등은 아무런 의미가 없다. 이 책은 저자들의 풍부한 경험과 세심한 분석으로 '아쉬운 2등'이 되지 않는 방법을 다각도로 제시해주고 있다.

– 경희대학교 언론정보학과 교수, 김태용

"설득은 상대방을 나에게 끌어오는 게 아니라 내가 다가가는 것이며, 상대방에 대한 연구이며, 탐구이다. 상대방에게 다가서는 순간, 설득의 문은 열린다." 프레젠터는 설득 전문가입니다. 이 세상에서 가장 어려운 일 두 가지가 바로 상대방의 돈을 내 주머니에 집어넣는 것과 내 생각을 상대방의 머리에 집어넣는 것이라고 합니다. 그래서 항상 공부해야 하고 사람들의 마음을 움직이는 방법을 고민해야 합니다. 이 책은 치열하고도 평화로운 설득의 현장을 담았습니다.

- SPOTV 아나운서, 권수현

중요한 입찰 프레젠테이션을 앞두고 많은 코칭을 받아봤지만 늘 어려운 시험지를 푸는 느낌이었다. 프레젠테이션 관련 책도 여러 권 읽어봤지만 따라 하면 늘 어색했다. '이기는PT' 박서윤 프레젠터의 코칭에서 가장 큰 장점은 맞춤형이라는 것이다. 늘 정답을 요하는 코칭이 아니라 입찰 프레젠테이션 상황에 따라, 발표자의 유형에 따라 꼭 맞는 옷을 입혀준다. 이 책은 그동안 '난 왜 안 되지?' 하고 자책하는 많은 독자에게 자신감을 불어 넣어줄 것이다.

- 현대건설 소장, 고재환

가장 짧은 시간 내에 사람의 마음을 움직여야 하는 일 중 하나가 법정 변론이다. 짧고 강렬한 변론 몇 마디가 수십 장의 서면보다 효과적일 수 있지만, 막상 아무도 가르쳐주지 않는 것이 변론의 기술이다. 클라이언트와의 상담도 마찬가지다. 이 책은 프레젠테이션의 기본서로서 좀 더 프로페셔널한 변호사가 되고자 하는 당신에게도 좋은 안내서가 될 것이다.

- 법무법인 세경 변호사, 박영재

프레젠테이션이란 결국 상대를 설득하는 작업이다. 프레젠테이션 언어는 그만큼 한 마디 한 마디가 신중하고 치밀해야 한다. 마치 한 글자 한 글자 기자의 펜에 실린 무게감과 같다. 커뮤니케이션을 전공하고 방송계에서도 활동한 저자는 누구보다 설득적 커뮤니케이션이 체화된 사람이다. 그간 실전의 다양한 경험으로 터득한 프레젠테이션 비법을 자상한 필체로 소개하는 이 책은 새로운 블루오션으로 각광받고 있는 프레젠테이터가 되고자 하는 사람들에게 바이블과 같은 존재가 되리라 믿는다.

– 중앙일보 기자, 배상복

프레젠테이션을 요리에 비교하자면 입찰, 경쟁, 수주 프레젠테이션은 요리대회에 출전하는 셈이다. 셰프의 목적은 오직 하나, 우승이다. 그는 신선한 재료로 자신이 가진 최고의 솜씨를 뽐낼 것이다. 달콤한 결과를 원하는가? 그럼 입찰 PT 최고의 레시피《누가 저 대신 프레젠테이션 좀 해주세요》를 읽어보라.

– 한국프레젠터협회 수석 부회장, 김효석

같은 시간, 비슷한 상품을 쇼호스트가 어떻게 보여주고 설명하는 가에 따라 각 홈쇼핑의 매출은 울고 웃게 된다. 프레젠테이션은 혼자 하는 게 아니라 서로 대화하는 것이다. 단, 고객의 언어로 고객이 듣고 싶은 말을 하는 것이 중요하다. 입찰, 경쟁, 수주 프레젠테이션도 마찬가지다. 키맨의 언어로, 키맨이 듣고 싶은 말로 소통하는 것이 중요하다. 경쟁에서 이기고 싶다면 바로 이 책을 추천한다.

- 롯데홈쇼핑 JUNG SHOW 쇼호스트, 정윤정

우리는 늘 경쟁의 삶을 살고 있습니다. 특히 경쟁 프레젠테이션은 너무나도 큰 성과와 연결됩니다. 건강 문제는 의사에게서 해답을 찾는 것처럼 경쟁 프레젠테이션의 문제는 바로 '이기는PT'에서 해결할 수 있다고 생각합니다. 프레젠테이션으로 고민하는 모든 분께 이 책을 강력히 추천합니다.

- 고도일병원 만성피로클리닉 원장, 이동환

여러 번의 회의. 반복되는 수정. 나의 생각은 여지없이 무너지고, 상사의 생각이 주입되는 현실. 내가 중심이 되고 싶으면 망설이지 말고 읽어보자. 달라진 내 모습에 놀랄 것이다.

- (주)한샘 KB교육팀 과장, 김대욱

프레젠테이션을 앞두고 있는 이들이면 누구나 이런 생각을 하죠. '누군가 내게 똑 부러지는 정답을 알려줬으면.' 홈쇼핑 프레젠테이션, 보고 프레젠테이션, 입찰 프레젠테이션 등 어떤 것이든 당신이 중요한 발표를 앞두고 지금 프레젠테이션의 뼈대조차 잡지 못해 답답하다면 이 책이 당신에게 족보 같은 책이 되어줄 겁니다.
최선을 다하는 프레젠터가 아닌 최고의 승부수를 갖춘 프레젠터가 되고자 한다면 《누가 저 대신 프레젠테이션 좀 해주세요》를 추천합니다.

— GS홈쇼핑 쇼호스트, 허윤선

하고 싶은 말이 아니라
듣고 싶은 말을 해야 합니다

앞으로 전문 프레젠터가 더욱 요구되는 시대입니다. 지금껏 프레젠터로 활동해보니 단순하게 대본을 읽고 말을 잘하는 게 프레젠터의 역할이 아니었습니다. 전문 프레젠테이션은 스피치를 잘하는 스피커를 요구하지도 않습니다. 교감하면서 말할 수 있어야 합니다. 공감하면서 청중(심사위원) 전체를 아우르는 분위기로 이끌어나가야 합니다. 당연히 내용을 파악하고 숙지하는 일은 기본입니다. 돌발 상황에 대처할 수 있는 임기응변 능력과 유연한 사고도 필요합니다.

아나운서, 성우, 앵커, 기자, 강사, 쇼호스트, 교사, 보험설계사, 전화 상담원….

말하는 직업은 많습니다. 그러나 그중에서도 입찰 프레젠터는 단연코 높은 강도의 훈련과 경험이 필요한 일이라고 생각합니다. 오랫동안 프레젠터로 활동하면서 단 한 번도 같은 장소에서 같은 청중을 대상으로 말해본 적이 없었습니다. 준비한 대로 PT가 다 진행되기 어렵고, 현장의 분위기에 크게 좌우되기도 합니다. 그래서 진입장벽이 높은, 어려운 일이라고 생각하는 분이 있으실 겁니다. 물론 쉽다고 할 수는 없습니다. 하지만 프레젠터라는 일은 분명 한 번의 경험으로 사람을 비약적으로 성장시킨다고 생각합니다. 한 분야에 대해 밀도 있는 지식을 습득할 수 있고, 회사의 생리와 구조를 금방 파악하게 됩니다.

프레젠터 역시 창의적인 역량이 크게 요구됩니다. '움직이는 창의성'이라고나 할까요? 새로운 아이디어를 만들어내고 독창적인 방식을 제안하는 것은 아닙니다. 하지만 어떻게 하면 나의 제안이 상대방에게 '먹힐' 수 있을지 끊임없이 고민하면서 효과적으로 전달하는 방법을 고민합니다. 분위기가 좋지 않을 때 짧은 시간에 전환할 수 있는 아이디어를 구상해내야 합니다. 질문을 받으면 상대방이 이해하기 쉽도록 적절하게 답해야 합니다. 한마디로 정리하고 여러 가지 개념을 연결 짓는 힘도 필요합니다. 이 모든 능력은 창의성의 항목입니다. 가만히 앉아 아이디어가 떠오르길 기다리는 것이 아니라, 몸을 움직이면서 말하는 도중에 순발력 있는 발상을 해내야 합니다.

공공기관뿐 아니라 크고 작은 업체에서 입찰을 요구하는 경우가 갈수록 더 늘어날 것입니다. 공정성을 기하고, 다양한 제안을 들을 기회가 되기 때문입니다. '당신을 꼭 뽑아야 하는 이유가 뭔데?'라는 단순한 질문에 '바로 이겁니다!'라고 확신에 찬 목소리로 말할 수 있는 신념이 필요합니다.

건축, 예술, 축제, 육아 용품, 구내식당, 설비, 패션, 가구, 박람회, 신제품, 교통, 관광 상품, 교육 프로그램, 앱 서비스, 광고, 식음료 등 수많은 산업군에서 입찰 프레젠테이션을 진행하고 있습니다. 따라서 더 세분된 나만의 특장점이 드러나는 프레젠터가 될 수 있을 것입니다. 프레젠터의 나이나 과거 경력, 외모와 목소리, 현장 경험 등을 바탕으로 전문적인 영역을 만들 수 있습니다.

만약 프레젠터가 건축과 관련한 직종에서 종사해보지 않았다면 토목이나 건축 업계의 전문 용어를 잘 이해하지 못하겠죠. 말실수를 할 수도 있습니다. 그러면 당연히 실제 입찰 프레젠테이션에서 좋은 점수를 얻지 못합니다. 그런데 프레젠터라는 일의 장점 중 하나는 과거에 해온 모든 경험이 하나로 연결될 수 있다는 것입니다. 내가 겪은 일, 여행, 독서, 아르바이트, 사람과의 관계, 실패 경험 등 모든 것이 입찰 프레젠테이션과 분명 연결될 수 있습니다. 입찰 프레젠터에게는 쓸모없는 지식이 없다고 생각합니다.

전문 프레젠터가 필요한 경우가 많으므로 크고 작은 기업에서는 사내에 프레젠테이션을 전문으로 할 수 있는 직원을 두길 원합니다. 실무진이 직접 입찰 프레젠테이션을 진행해야 할 경우, 짧은

누가 저 대신 프레젠테이션 좀 해주세요

시간 안에 프레젠테이션 기법을 코칭받기도 합니다. '이기는PT'에 의뢰한 모 회사의 팀장은 2~3회의 프레젠테이션 코칭만으로 훌륭하게 수주를 해낸 경험도 있습니다.

가장 짧은 시간에 무언가를 습득할 방법은 실제로 해보는 것입니다. 피아노를 잘 치고 싶다고 '피아노 잘 치는 법'이 나온 책만 읽어서는 안 되겠죠. '피아노 연주'만 계속 듣는 일 역시 도움이 안 됩니다. 실제로 피아노를 쳐야 합니다. '도레도레도' 엄지와 검지 두 개로 가장 단순한 음정부터 쳐야 합니다. 더 나아가 피아노를 진짜 잘 치고 싶다면 피아노 선생님에게 본격적으로 배워야 합니다. 나보다 경험이 많은 사람의 조언을 들어야 합니다. 연습하는 방법, 손 모양, 악보 보는 법을 배워야 합니다. 물론 연습을 꾸준히 해서 수준이 높아지면 선생님을 뛰어넘는 순간도 올 수 있습니다.

입찰 프레젠테이션이라는 분야에서 제대로 성공하고 싶고, 자신만의 독보적인 입지를 만들고 싶다면? 당연히 입찰 프레젠테이션 분야를 공부해야 합니다. 또 입찰 프레젠테이션의 경험을 늘려야 합니다. 그리고 선배 프레젠터에게 배워야 합니다. 나의 길을 찾아나갈 때까지 길 안내를 해주면서 함께 걸어갈 수 있는 선생이 있어야겠죠.

우리는 국내에서 가장 많은 입찰 프레젠테이션 경험이 있다고 자부합니다. 이론적 지식보다 현장의 시행착오를 온몸으로 경험했습니다. 앞으로 《누가 저 대신 프레젠테이션 좀 해주세요》를 통해 여러분과 '이기는 경험'을 함께 만들고 싶습니다.

　이 책의 1부 '이기는 PT에는 전략이 있다'에서는 프레젠테이션 전략을 소개합니다. 발표 준비 시간이 촉박하다고 무작정 발표 연습부터 하는 사람이 있습니다. 그러나 제안서에도 전략 수립이 가장 중요하듯이 상대를 설득하기 위해서는 철저한 분석이 필요합니다. 발표 전에 전략을 세우는 방법부터 회사를 대표하는 프레젠터로 쌓아야 하는 기본기를 알려줍니다. 발표 전 체크리스트만 확실하게 챙겨도 성공률을 높일 수 있습니다.

　2부와 3부에서는 키맨을 사로잡는 방법과 발표만큼 중요한 질의응답법, 예측할 수 없는 상황에 대한 대처법을 다룹니다. 1부의 전략을 토대로 심사위원의 귀를 열고 마음을 열고 공감을 얻는 방법을 실제 사례 중심으로 제시합니다. 발표만큼이나 중요한 게 질의응답인 만큼, 어떤 질문이 나올지 몰라서 초조했거나 돌발 상황에 당황했던 이들이 당당하게 답변하고 자연스럽게 대처할 수 있는 비결이 담겨 있습니다.

　4부 '이기는 PT에는 시크릿 노하우가 있다'에서는 일반인에게 다소 생소하게 여겨지는 입찰 프레젠테이션과 프레젠터에 대한 전반적인 내용을 다룹니다. 현장에서 교육과 코칭을 진행하며 종합한 직군별 코칭 포인트를 짚었습니다. 한 해 100회 이상 프레젠테이션을 진행하고, 10년 이상 프레젠테이션을 진행한 생생한 노하

누가 저 대신 프레젠테이션 좀 해주세요

우를 공개합니다.

《누가 저 대신 프레젠테이션 좀 해주세요》는 입찰 프레젠테이션뿐만 아니라 직장에서 이루어지는 프레젠테이션, 취업 면접 준비에도 도움이 됩니다. 가장 까다롭고 어려워서 프레젠테이션의 꽃이라 불리는 입찰 프레젠테이션을 익힌다면 설득을 기반으로 하는 모든 프레젠테이션에 한 걸음 가까워질 수 있다고 확신합니다. 발표를 잘하고 싶지만 어떻게 준비해야 하는지 막막해하는 사람들에게 실제로 어떻게 준비해야 성공률을 높일지 밝혀줄 것입니다.

2017년
박서윤, 최홍석

추천사
프롤로그   하고 싶은 말이 아니라 듣고 싶은 말을 해야 합니다

1부   이기는 PT에는 전략이 있다

발표보다 중요한 준비
사람은 언제나 일순위 • *27*
악마는 디테일에 있다 • *41*
적을 알고 나를 알아야 • *55*

비주얼 체크리스트
설득의 전투에서 살아남는 무기 'S라인 보이스' • *65*
언어보다 3배 중요한 몸짓 언어 익히기 • *72*
선택을 부르는 치밀한 이미지 전략 • *78*
이기는 Tip 딜레마 해법편 – 대본/포인터 • *81*

2부   이기는 PT에는 키맨을 사로잡는 화법이 있다

오프닝부터 키맨을 공략하라
프레젠테이션 성공을 결정하는 1분 • *87*
결론부터 말하자면 • *93*
3가지 'ㄱ'을 기억하라 • *99*

정보는 전달되고 스토리는 기억에 남는다
청중의 니즈를 살리는 네이밍이란 • *109*
스토리텔링 프레젠테이션의 8가지 액션 아이디어 • *112*
말하기의 마법 3 • *130*
스토리에 스며드는 브리지 • *136*

쉽게 설명한다는 건 깊게 생각한다는 것
뺄수록 깊어지는 클로징 • *143*
머리에 남길 것인가 가슴에 남길 것인가 • *147*
A-B-클로징A' • *157*
이기는 Tip 멘트 실전편 – 오프닝/클로징 • *165*

3부 이기는 PT에는 돌발 상황 대처법이 있다

또 하나의 승부수, 질의응답
반복하라 반복하라 반복하라 • **175**
최악의 키워드, 임기응변 • **177**
답변의 제왕 • **180**

예측 불허 프레젠테이션 대처법
프레젠터, 노련함을 키워라 • **185**
프레젠터, 간절함을 품어라 • **187**
상황별 위기 대응 매뉴얼 • **190**
이기는 Tip 사례편 – 실패한 프레젠테이션 Top 10 • **198**

4부 이기는 PT에는 시크릿 노하우가 있다

이기는 PT 스토리
날카로운 첫 입찰 프레젠테이션의 추억 • **209**
입찰 프레젠테이션 분야는 천차만별 • **214**
입찰 프레젠테이션 실록 • **217**

전문 프레젠터에 대한 오해와 진실
누구나 전문 프레젠터가 될 수 있다? 없다? • **221**
입찰 프레젠테이션, 자신만의 개인기 만들기 • **225**
입찰 금액의 몇 % 받나요? • **229**

상황별 스토리 Yes or No
나 회사 대표야 – 심사위원 혼내는 대표님 No • **235**
나 말 좀 해! – 이 회사 직원 맞나요? • **240**
나 지금 너무 떨려요 – 얼음 땡! • **245**

에필로그
프레젠테이션은 어렵다? – 박서윤 • **251**
그 누구에게도 물어볼 수 없던 분야, 입찰 PT – 최홍석 • **255**

이기는 PT에는 절박함이 있다

발표보다
중요한
준비

발표를 앞둔 상황에서 가장 염려되는 것은 바로 말하기의 두려움이다. 말을 잘 못하거나 대인공포까지 있다면 더욱 걱정된다. 원래 말하기의 달인은 없다. 유명 강사나 아나운서, 배우 등 청중을 대상으로 말하는 직업인이 오히려 내성적인 경우가 많다. 서양인은 60% 가까이 내향형이라 하고, 동양인은 70% 정도가 내향형 성격이라는 보고도 있다. 많은 직장인이 사교적인 성격으로 위장하여 살고 있을 뿐이다.

프레젠테이션이나 회의에서 능숙하게 말을 잘하지 못하면 일을 잘 못한다는 평가를 받기도 한다. 하지만 입찰 PT에서 중요한 건 화려한 언변술이 결코 아니다. 목소리가 좋거나 말솜씨가 매끄럽길 기대하지 않는다. 오히려 '어떻게 하면 최대한 말을 아낄까' 혹은 '어떻게 상대방이 원하는 핵심만 전달할까'를 고민해야 한다. 발표 전 거쳐야 할 단계가 있는데 바로 '3P 체크리스트' 확인이다. 3P 분석이라 불리는 세 가지 요소를 반드시 점검해야 한다. 3P는 모두 직접적인 말하기와는 별로 연관이 없다. 오히려 전체 상황을 그려내고 가상의 시뮬레이션을 해보는 일이다.

전쟁에 나가 싸운다고 가정해보자. 무작정 홧김에 전쟁을 벌일 수는 없는 법이다. 세계 4대 해전으로 불리는 살라미스 해전, 칼레 해전, 트라팔가르 해전, 거기다가 이순신 장군의 한산도대첩까지. 이 모든 전투는 참가한 군인의 수나 규모가 큰 것은 아니다. 불리한 상황 속에서 전략과 전술로 상대방을 제압한 해전이라는 점에서 의의가 있다.

프레젠테이션에서의 전술인 3P를 알아보자. 지피지기 백전불태 (知彼知己 百戰不殆)!

People, Place, Purpose의 '3P 분석'은 우리의 공통된 경험을 바탕으로 한다. 바로 10년 정도 입찰 PT를 진행한 베테랑과, 1년에 100여 건의 입찰 PT를 진행하는 프레젠터로서 얻은 경험이다. 사실 백이면 백, 상황이 모두 다르다. 업종도 다르고, 사업체의 규모도 다르고, 경쟁사도 다르다. 강의장 형편도 다르고, 입찰 심사위원도 모두 다르다. 교과서적인 스피치만으로는 입찰 PT에서 이길 수 없다. 우리가 말하는 게 모두 정답이라고 말할 순 없다. 입찰 PT는 상황에 따라 전략이 달라져야 하기 때문이다. 다만 이 책에서는 우리가 경험하면서 가장 중요하다고 생각하는 부분을 다루고 있다. 사전 준비는 아무리 강조해도 지나치지 않다. 심사위원, 경쟁상대, 날짜 및 시간, 장소와 환경 등 아주 세세한 부분까지 모든 사항을 파악하고 준비한다.

입찰 프레젠테이션 미팅할 때 꼭 가지고 가는 노트 안에는 3P 체크리스트가 들어 있다. 다년간 입찰 PT를 하면서 겪은 많은 시행착오를 기반으로 만든 것이다. 3P 체크리스트를 펼쳐놓고 하나하나 파악하면서 회의를 진행한다. 당연히 고객사는 신뢰감을 갖고, 프레젠터를 완전히 믿게 된다. 이러한 체크리스트를 사전에 준비하고 파악하는 것이 입찰 프레젠터 전문가가 되기 위한 가장 기본적인 자세라고 볼 수 있다.

사람은
언제나
일순위

이른 아침 PT 갔을 때의 일이다. 아침 시간이었고, 부드럽게 시작하려고 "여러분, 아침 식사 하고 오셨나요?"라고 공손하게 물었다. 그랬더니 어떤 반응이 나왔을까? 심사위원 중 한 분이 "당신 질문에 답변하러 온 거 아니니까, 발표나 하세요!"라고 말했다. 이러한 엄한 분위기에서 어떻게 말해야 사람들이 집중하고, 경쟁 PT에서 이길 수 있을까? 강의처럼 절대 내 편을 들어 호감을 느끼고 경청하는 분위기가 아니라는 점을 명심해야 한다. 강사를 오랫동안 했거나 청중 앞에서 MC를 잘하던 사람도 싸늘한 반응 때문에 다음 말을 이어나가지 못하고 실수하면 결과는 뻔하기 때문이다.

오랫동안 프레젠터 일을 하다 보니 심사위원 마음이 이해도 된다. 만약에 회사에서 중요한 입찰 건수를 위한 심사위원이 되었다면? 아마도 여러분 나름대로 공정하게 심사하려고 노력할 것이다. 심사위원은 자신들의 감정을 드러내지 않으려 한다. 냉정하게 표현하고, 기계적으로 대할 수밖에 없다. 그래야 공정해 보이기 때문이다. 친밀하게 대하거나 분위기가 화기애애하면 공평하지 않은 우호적인 분위기를 준다고 느낄 수 있다.

발표 자료를 인원수에 맞게 준비하라

'이기는PT'의 3P 분석 첫 번째 조건인 People은 바로 청중과 심사위원 분석이다. 무엇이 중요할까? 첫 번째는 바로 인원수다. PT 참석 인원을 정확히 파악해야 한다. 기본적으로 몇 명이 심사위원으로 들어오는지 알아야 한다. 인원수는 별로 중요하지 않다고 여기는가? 이것은 감정의 문제다. 사전에 인원수에 맞게 자료를 준비할 필요가 있다.

보통 PT에 들어가면 제안서나 참고할 만한 샘플 자료를 나눠준다. 발표 자료를 정리한 문서다. 인원수를 파악하지 못해 수량을 맞추지 못하는 것은 중대한 실수다. 자료를 못 받은 사람이 생기면 준비가 부족하다고 느끼거나 감정이 상할 수도 있다. 회사에서 중요한 발표가 있을 때 준비한 자료가 부족해 임원 한 분이 발표 자료를 못 보고 옆 사람 것을 보고 있다고 생각해보자.

인원수에 따른 준비는 아무리 강조해도 지나치지 않다. 확인하고 또 확인해야 한다. 자동차 관련 입찰 PT 때 원래 5명의 심사위원이 들어온다는 공지를 받았다. 당연히 제안서를 5부 준비했다.

인원수에 따른 준비는
아무리 강조해도
지나치지 않다.
확인하고
또 확인해야 한다.

그런데 전날 VIP가 방문하면서 갑자기 PT에 참석하는 상황이 발생했다. 실제로는 10명이 참석했다. 예측 불허의 상황은 언제나 발생한다. 전날 한 번 더 확인하지 않았더라면 어떻게 되었을까? 10명이 제안서 5부를 나눠 보는 사태가 일어났을 것이다. 결과는? 안 봐도 뻔하다. 제안서가 부족하여 두세 명이 나눠 보는 상황은 '절대' 만들지 말자. 전날까지 확인 또 확인! PT 당일에도 사전 확인이 가능하다면 또 물어보자. 확인한 사실과 다르게 더 많은 인원이 들어오는 변수가 생길 수 있다. 파악된 인원수보다 여유 있게 준비하는 것이 좋다.

간혹 이미지 보드를 사용해서 이해를 돕는 경우도 있다. 이때 참가하는 인원 모두 볼 수 있는 수량을 준비해야 한다. 샘플이나 시제품을 나눠주면서 설명해야 할 때도 역시 인원수대로 준비해야 한다. 실물을 보여줄 때도 수량 파악이 중요하다.

중요한 발표를 앞두고 있을 때 정확한 인원수를 확인하고 인원수보다 여유 있게 자료를 챙긴다면 발표 당일 마음의 여유까지 생길 것이다.

인원에 따른 전략 세우기

인원에 따라 전략이 완전히 다르다. 수십 명이 입찰 PT에 들어와서 투표로 결정하는 경우가 있다. 혹은 소수의 인원이 참석하여 심도 있게 심사하기도 한다. 상황별로 내용, 깊이가 달라야만 한다.

　일례로 경찰 기동대에서 경찰 50명이 PT를 듣고 바로 투표해서 결정해야 하는 상황이 있었다. 이럴 때는 당연히 50명을 위한 자료가 필요하다. 말하기 전략도 다수의 청중을 공략해야 하며, 평균적인 이해 수준에 맞추어 내용을 전달해야 한다. 심지어 모 대학교에서 PT를 마치고 난 후 학생들이 직접 거수로 결정하는 일도 있었다. 그 자리에서 손을 들어 의사결정을 하는 즉흥적인 상황이었다. 이런 여건에서는 너무 디테일한 내용에 집중하기보다는 전체적인 흐름과 반응에 유의하면서 결론에만 임팩트를 주는 게 좋다. 비공개가 아닌 공개 결정이므로 투명할 수도 있지만 PT를 하는 순간의 전체적인 분위기에 매우 민감해진다. 또한 논리적인 결정보다는 감정적이고 순간적인 판단이 개입된다. 이때는 분위기가 좋아 보이는 두세 명을 공략하는, 보이지 않는 적극적 구애(?)가 필요하다. 거울 효과가 나타나 따라 하는 심리가 작용하기 때문이다.

　다수가 심사위원으로 참여할 경우 족집게 과외처럼 쉽고 대중적으로 전달한다면, 소수일 때는 반대다. 3~4명이 참석한다면 그들의 전문 분야를 파악하고 디테일한 전문성을 어필해야 한다. 분양 담당자 4명이 참석한 부동산 분양 입찰 PT가 있었다. 워낙 그 분야에 전문성이 있는 분들이다 보니 '견본주택 입지, MGM 마케팅, BTL 마케팅, ATL 마케팅'과 같은 전문적인 용어로 발표자의 전문성을 어필했다. 또 영업 담당자들이 질문할 사항에 대비하여 미리 조직 영업과 워킹 영업의 비율을 깊이 있게 전달했다. 질의응답 역시 전문 분야에 집중됐다. 이처럼 전문 분야에 종사하는 소수의 심사위원이 참석한다면 해당 분야를 파악하고 그 부분의 전문성으로 승부를 봐야 한다.

직급, 성별, 키맨 파악하기

직급이 과장 이하일 때, 팀장 이상일 때, 임원이나 회장일 때 모두 다르게 공략한다. 직급에 따라 공감하는 부분이 다르다. 직급이 높으면 전체적인 그림이나 예산 부분을 중요하게 생각한다. 이 제안이 실행력이 있는지, 현실 가능한 제안인지, 그렇다면 예산을 마련할 수 있는지 회사 입장에서 생각한다. 반대로 직급이 낮으면 대개 자신에게 돌아오는 혜택 위주로 판단하게 된다. 신입사원이 복지가 좋은 회사를 선호하는 이유와 같다고 볼 수 있다.

남성과 여성의 차이도 당연히 고려해야 한다. 보통 남성 심사위원이 대다수일 때는 여성 프레젠터가 유리하다. 남성이 키맨(key man)일 확률이 매우 높기 때문이다. 여성 프레젠터가 훨씬 더 훈훈한 분위기를 만들 수 있다. 다만 남성들은 숫자나 이성적인 측면에서 조금이라도 틀리면 단칼에 자르는 경우가 많기에 준비를 더욱 철저히 해야 한다. 반대로 여성 심사위원일 때는 남성 프레젠터가 일반적으로 잘 어필한다. 20~30대 여성 심사위원이 많은 곳도 있다. 여성에게 공감력을 높이는 감성적 접근이 남성 프레젠터에게

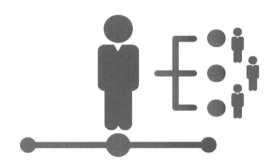

직급이 과장 이하일 때,
팀장 이상일 때,
임원이나 회장일 때
모두 다르게 공략한다.
직급에 따라 공감하는
부분이 다르다.

여성이 많이 근무하는
직군인지, 남성이 많이
근무하는 직군인지에
따라 프레젠터의
성별이 영향을 미친다.

도 필요하다. 분야에 따라서도 달라진다. 여성이 많이 근무하는 직군인지, 남성이 많이 근무하는 직군인지에 따라 프레젠터의 성별이 영향을 미친다.

또한 반드시 내부인만 심사위원으로 참석하지는 않는다. 한 예로 서울시에서 축제와 관련한 운영 업체를 선정할 때였다. 담당 부서 공무원, 축제와 관련한 총괄 감독, 집행 부서의 팀장급, 외부 교수진 등 다양한 전문가가 참여하여 심사했다. 심사를 공정하게 하기 위해 심사위원을 전문가 집단으로 구성하는 때도 있다. 아이러니하게도 전문가들인데 커뮤니케이션이 충분히 안 될 수 있다. 전문가 집단이라고 해서 해당 사업에 관한 전문가는 아니기 때문이다. 내부인이 아닌 심사위원에게 사업 전반을 소개하는 데만 긴 시간을 할애하는 상황도 있었다. 기초적인 내용까지 질문하는 심사위원도 있다. 사전에 어떤 심사위원이 들어오는지 파악하고 가면 발표에 유리하다.

직급에 따라 전달하는 비유나 설명 기법을 모두 다르게 선택해야 한다. 임원·회장급일 경우 대상 연령과 관심도에 따라 전달 방식이나 사례가 달라질 수 있다. 청중 분석을 잘했을 때와 그러지 못했을 때의 결과는 당연히 다르다. 전달하고자 하는 내용이 아무리 재미있고 감동적이어도 듣는 대상을 제대로 파악하지 않았다면 도루묵이다.

실제 상황이다. 오피스형 공장에서 각 회사의 사장님이 참석했다. 모두를 아우를 수 있는 PT를 진행해야 했다. 저염식을 설명하

035

이기는 PT에는 전략이 있다

는 자리에서 KBS 예능 프로그램인 〈인간의 조건〉의 '나트륨 줄이며 살기' 편을 보여주었다. 개그맨 김기리 씨가 부모님께 저염 식단을 대접하기 위해 고향집을 찾는다. 그는 짠 음식을 좋아하는 아버지의 입맛에 따라 가족들 모두 짜게 먹었다고 한다. 아버지가 끓인 된장찌개와 김기리가 끓인 된장찌개 중에서 어머니의 입맛을 사로잡는 쪽이 이기는 내용이었다. 그가 이기면 아버지의 식단이 바뀌게 된다. 아버지는 평소대로 된장과 고추장뿐 아니라 소금과 양념을 아낌없이 넣었다. 김기리는 새우와 멸치 등을 우린 육수에 호박과 두부, 감자를 넣고 된장을 조금만 풀어 저염 된장찌개를 끓였다. 아버지가 끓인 염분이 많은 된장찌개와 저염식으로 조리한 된장찌개를 블라인드 테스트한 결과, 어머니는 저염 된장찌개를 선택했다. 순전히 맛만 보고 아들 손을 들어줬다. 저염식인데도 분명 맛이 있었다고 한다. 자극이 덜하고 된장의 구수한 맛이 좋았다는 것이다. PT의 내용은 '저염식은 싱겁고 맛없다는 생각은 편견일 뿐, 적절하지 않다'는 예시였다. 그런데 심사위원들의 표정이 밝지가 않다. 반응도 별로다. 기대했던 웃음과 화기애애함이 흐르지 않는다. 무엇이 문제일까? 분명 리허설에서는 반응이 좋았는데 왜일까?

바로 청중 분석에 실패했기 때문이다. 청중이 50대 사장님인데 〈인간의 조건〉이라는 프로그램을 알거나 시청한 사람이 없었다. 그 프로그램이 방영되는 주말에는 약속이 있거나, 집에 있더라도 잠을 자는 분이 대다수였다. 심지어 개그맨 김기리를 아는 분도 거의 없었다. 30대에게는 잘 알려진 개그맨이고 시청률도 꽤 좋은 프로그램이지만, 분명 50대 사장님이라는 청중에게는 맞지 않는 사례였다.

무엇보다도 중요한 사람 '키맨'

People에서 가장 중요한 부분이 바로 '키맨'이다. 열쇠를 쥐고 있는 사람이란 뜻이다. 키맨은 어떤 사람일까? 원래 이 단어는 세계 최고의 자동차 세일즈맨으로 기네스 기록까지 세운 조 지라드의 저서 《누구에게나 최고의 하루가 있다》(김명철 역, 다산북스, 2012)에 처음 소개됐다. 그는 미국의 자동차 판매왕으로 15년간 13,000대 이상의 자동차를 판매해서 자동차 명예의 전당에 오른 유일한 세일즈맨이다. 13,000대면 매일 2~3대 정도 팔아야 하는 숫자다. 서른다섯까지 실패한 인생을 살았고, 고등학교 중퇴 학력이 전부인 조 지라드는 식당 접시닦이나 공사장 일을 하면서 생활했다. 40여 개의 직장을 전전했다고 한다.

그러다 미국 자동차 회사인 쉐보레에 입사한다. 처음부터 영업을 잘했던 것은 결코 아니다. 조 지라드는 10만 달러짜리 고급 승용차를 계약하려는 고객을 계약 직전에 놓친 적이 있었다. 그는 이유가 궁금하여, 계약을 취소한 고객에게 전화해서 진심으로 이유를 물었다. 고객의 대답은 예상 밖이었다.

"우리 아들이 미시간 대학교 의과 대학에 우수한 성적으로 들어가게 되었다"는 말을 했는데, 지라드가 별다른 반응을 하지 않았다는 것이다. 자동차만 팔려고 하는 장사꾼 같아서 싫었다고 한다. 키맨 파악에 실패한 사례라고 볼 수 있다. 의과 대학에 들어갔다고 했을 때 자기 아들이 들어간 것처럼 좋아하는 모습을 보여줬다면 키맨의 마음을 사로잡을 수 있었을 것이다.

이처럼 키맨의 성향을 정확히 파악하는 일은 세일즈뿐만 아니라 입찰 PT에서도 중요하다. 키맨이 누구인가를 빨리 파악해야 한다. 키맨은 심사위원으로 들어온 사람들 가운데 보통 직급이 가장 높은 사람이다. 키맨은 좌석에서 가장 가운데 자리에 앉아 있기도 한다. 키맨을 파악하는 것이 이기는 PT의 핵심이다. 아무리 심사위원 9명의 마음을 움직였다고 하더라도 1명의 키맨이 별로라는 반응을 보이면 입찰은 무산된다.

앞서 말한 청중 분석에 실패한 저염식 PT와 반대로 청중 분석에 성공한 사례가 있다. 나이키 사에 프레젠테이션하러 갔을 때다. PT는 대부분 정장 차림으로 발표한다. 예의를 갖춘 차림이라고 생각하기 때문이다. 그런데 나이키라면? 미리 입수한 정보에 따르면 나이키는 전 직원이 자유복을 입는다. 그러면 나이키 트레이닝복이 출근복일 수 있다는 데 생각이 미쳤다. 프레젠터로서 평소 고집하던 정장을 벗고, 구두까지 벗었다. 검은색 바지에 나이키 운동화를 신었다. 항상 작은 키를 커버하기 위해 하이힐을 신었는데 그마저도 포기했다. 발표장에 섰을 때 키맨에게서 상당한 호감을 얻었

키맨의 성향을 정확히
파악하는 일은
중요하다. 키맨은
의사결정에 큰 영향을
끼치므로 누구인가를
빨리 파악해내야 한다.

다. 자사 제품을 착용한 발표자였기 때문이다. 우호적인 인상을 심어주면서 10점 이상은 충분히 먹고 들어갔다. 키맨이 칭찬하자 다른 심사위원 모두 오픈 마인드로 환하게 반겨주었다. PT도 자연스럽게 물 흐르듯이 원활하게 이루어졌다. 결과 역시 예상대로 성공이다.

키맨이 의사결정에 얼마나 많은 영향을 끼치는지 체감한 PT가 있었다. 발표의 호응도가 좋았고, 입찰에 성공적인 반응을 얻으며 마무리되려는 찰나였다. 참가한 심사위원의 호감도가 급상승하면서 거의 끝났다고 느꼈다. 이때 키맨(아마 그 기업체의 회장님이었을 것이다)이 "그런데 색깔이 별로지 않나?"라는 말 한마디를 던지기가 무섭게 "색깔이 아쉽습니다" "색깔이 정말 별로입니다" 모든 사람이 입을 맞추기라도 한 듯이 일제히 말을 바꾸었다. 이렇게 황당한 사례는 비일비재하다. 색깔 하나 때문에 그때까지 발표한 내용이 물거품이 되는 순간이었다. 물론 2차 PT에서 색깔에 관한 부분을 수정·보완해서 다행히 결과는 좋았다. 지금 말한 사례처럼 키맨은 의사결정의 90%, 100%를 담당한다고 보아도 무방하다.

악마는
디테일에
있다

3P의 첫 번째는 People, 사람이었다. 대상을 꼭 확인하라는 내용이었다. 인원, 직급, 성별 등에 대한 철저한 분석과 사전 준비는 필수다. 적을 알고 나를 알면 백전백승이다.

3P 체크리스트의 두 번째는 바로 Place다. '장소'에 따른 영향이 굉장히 크다. 장소는 다른 의미로 분위기다. 익숙하고 편안한 분위기에서는 말하는 게 자연스럽고 두렵지 않다.

우리에게 가장 편안한 장소는 어디일까? 대부분의 사람은 집을 떠올린다. 집에서는 어떤 모습을 하든 누구도 뭐라고 하지 않는다. 잠옷을 입든, 홀딱 벗었든 상관없다. 편안한 상태에서 자연히 심리적인 안정감도 느껴진다. 집뿐 아니라 좋아하는 분위기의 장소는 일의 성취를 높여준다. 학생들은 공부가 잘되는 도서관이나 카페를 찾는다. 데이트를 성공적으로 잘할 수 있는 장소로는 레스토랑이 있다. 심지어 워커힐호텔이나 롯데호텔 등은 '프러포즈 패키지'

까지 만들어 판매하고 있다. 가을에 특히 프러포즈가 많은데, 총주방장이 제작한 특별 코스 디너까지 제공해주는 특별 이벤트도 있다. 영업하는 분들이 중요한 계약을 하려면 서울 여의도의 콘래드 호텔 레스토랑을 찾는다는 말을 들었다. 37층 높이의, 야경이 내려다보이며 분위기가 고급스러운 레스토랑에서 식사하면 계약이 백발백중 성사된다고 한다. 그만큼 어떤 분위기에서 말하는가에 따라 목적을 달성할 수도 있고 실패할 수도 있다.

입찰 PT를 하는 상황과 분위기가 발표자에게 유리하지 않을 수 있다. 낯선 장소일 수 있고, 분위기 자체가 딱딱하고 어두울 수도 있다. 분위기에 굉장히 예민하거나 발표 울렁증까지 있다면 꼭 체크해야 하는 부분이 바로 장소다. 다양한 장소에서 연습하면 실전에서 완성도를 높여준다. 연습할 때 대부분 의자에 앉아서 문서를 읽으며 내용을 숙지하려고만 한다. 내용을 완벽하게 머릿속에 파악하는 일도 중요하다. 하지만 몸으로 익히는 과정이 더 중요하다.

몸으로 배운 것은 한번 입력되면 절대 잊어버리지 않는다. 직관과 감각으로 함께 습득하기 때문이다. 어릴 때 배운 수영이나 자전거 타는 방법 등은 성인이 되어서도, 수십 년 지나도 잊히지 않는다. 머리로 암기한 지식이 아닌, 몸으로 배우고 습득한 지식이기 때문이다. PT 연습을 할 때도 서서 하거나 강연장, 세미나장에서 해보는 게 좋다. 발표할 장소와 유사한 곳을 찾아보면 더 좋다. 가장 효과적이고 효율적인 학습 방법은 바로 내가 아는 것을 설명하고 가르치는 일이다. 누군가를 이해시키기 위해 설명하는 연습을

누가 저 대신 프레젠테이션 좀 해주세요

발표 전 체크리스트

입찰명 :   일정 :   발표시간 :

People		Place		Purpose
심사 인원		장소		
심사 직급		PC사용 여부		
심사 키맨		마이크		기타
심사 성별		출력 화면		PT참석자
		스피커 유무		경쟁사 분석
		좌석 구조		참여업체 수
				발표 순서

클라이언트 및 회사 분석	
회사	클라이언트

기존업체 분석	
단점	장점

발표 전략	
발표 전략	이미지 전략
발표자	
세팅	
첫인사	
Q&A	
PC 담당	
기타	

이기는 PT에는 전략이 있다

하면 학습한 내용을 완전히 내 것으로 익힐 수 있다.

시청에서 제안을 해야 하는 사업 발표가 있었다. 발표자는 시청과 비슷한 장소를 물색하다가 주민센터와 같은 관공서를 찾아가 강당을 사용할 수 있는지 문의했다. 공무원에게 이유를 설명해서 양해를 구하고 강당이 비는 때에 맞추어 연습했다. 시청 역시 관공서이므로 구청이나 주민센터와 분위기가 비슷하기 때문이다. 사용하는 기자재나 의자, 책상 등의 가구 배치도 비슷할 수 있다.

장소의 크기나 좌석 구조, 좌석 수도 가늠해야 한다. 출력 화면, 마이크 사용 여부에 따른 차이를 고려하고, 동선을 구성하고 제스처를 사용하는 전략도 세워야 한다. 구체적으로 몇 가지 항목을 살펴보자.

장소와 좌석을 미리 파악해야

PT를 하는 장소는 제각각이다. 회사, 기관마다 모두 다르다고 보아야 한다. 대회의장부터 작은 회의실까지 규모는 물론 좌석도 강의실, 대칭, ㄷ자, 원형 구조 등으로 다양하다. 강의실 구조에서는 청중이 자연스럽게 발표자에게 집중한다. 동선이 더 넓어진다. 발표자의 신체 전부가 모두에게 보이기 때문에 자세도 신경 써야 한다. 마이크를 사용할 때와 육성으로 말할 때의 목소리 크기 등을 생각해야 한다. 철저하게 장소를 머릿속에 그려놓고, 자신의 이동

경로까지 계산해야 한다.

좌석 구조가 ㄷ자나 대칭이라면 강의실 구조보다는 이동 반경이 자연히 좁아지고, 집중되는 효과가 있다. 보통 ㄷ자형의 좌석 배치에서는 가운데 앉은 사람이 키맨일 확률이 높다. 10명 정도의 인원은 한 사람 한 사람 아이 컨택도 가능하다. 짧은 시간 안에 제대로 마음을 사로잡을 수 있는 인원이다. 그렇지만 거리가 가까운 만큼 과장은 금물이다. 시선이 상반신에 집중되므로 요란한 복장과 화장은 오히려 방해된다. 가까운 거리에서 호감을 얻을 만한 에너지를 내뿜도록 하자. ㄷ자 형태에서 빔프로젝터를 연결한 화면이 앞에 있으면 발표자는 대각선 방향으로 서서 발표할 수 있다. 이럴 때 청중은 발표자를 직접 보지 않고, 화면에만 집중할 수도 있다. 자료를 띄워놓고 발표하는 경우가 대부분이지만 간혹 종이로 된 자료만 볼 때도 있다. 모든 장소와 상황에 따라 발표 스타일이 달라야 한다.

입찰 PT는 대부분 비공개로 이루어지므로 장소도 공개되지 않는다. 과거에 PT가 이루어진 장소를 찾아보기가 거의 불가능하다. 그리고 회사마다 회의실이나 세미나실, 강당 등 다르게 디자인되어 있다. 그래도 어느 정도 비슷한 부분이 있게 마련이니 다음 사진 자료를 참고하여 어떤 환경에서든 PT를 할 수 있도록 준비하고 연습해보자.

프레젠테이션 장소의
다양한 유형

레이저 포인터, 스크린, 모니터 등 기자재를 제대로 쓰기

사소하게 느끼기 쉬운 부분이지만 입찰 PT에서는 모든 준비가 완벽해야 한다. 두 번의 기회는 없기 때문이다. PT 자료를 노트북에 저장하고, 노트북 전원을 켠 상태로 들고 가는 것이 제일 좋다. 빔 프로젝터에 연결하는 즉시 화면이 나올 수 있도록 말이다. 파워포인트 자료를 담은 USB만 가져가서 꽂을 수도 있지만, 준비한 자료가 그곳의 컴퓨터에서 열리지 않을 수 있다. 컴퓨터에 설치된 글꼴이 달라서 화면이 깨지기도 한다. "잠시만요, 글꼴 좀 새로 깔고 하겠습니다"라는 말을 꺼낼 수도 없다.

갑작스럽게 기기가 작동하지 않거나 원활하지 않은 경우가 많다. 자신이 평소에 사용하는 노트북을 준비해 가는 게 가장 편하다. 자료가 제대로 출력되지 않아 버벅대면 감점 요인이 된다. 입찰 PT는 이처럼 사소한 부분으로 결과가 달라질 때도 있다. 결과를 예측할 수 있는 건 아무것도 없다.

보통은 PT 자료를 빔프로젝터에 연결해서 보지만 간혹 TV에 연결하기도 한다. 일반 레이저 포인터의 붉은색 불빛은 LED TV 화면에서 보이지 않는다. 이럴 때는 TV 화면에서도 보이는 레이저 포인터가 필요하다(가격은 더 비싸지만 그린 레이저 포인터가 LED TV 화면에서도 잘 보인다). "여기를 보십시오!"라고 지시하면서 포인터로 세부적인 부분을 짚었는데, 화면에서 보이지 않는다면 낭패다. 이 부분도 확인하자.

프레젠테이션할 때
사용하는 화면의 유형

어떤 프레젠터는 항상 큐카드(Cue card)를 준비하여 보면서 PT를 한다. 이럴 때 예상치 못한 상황이 생길 수 있다. 예를 들어 심사위원이 앞에 있는 화면이 잘 보이지 않는다고 "불 좀 꺼주세요"라고 할 수 있다. 그러면 큐카드가 있어도 보이지 않기 때문에 아무 소용이 없다. 만약을 대비해 큐카드를 준비해 가되, 없어도 발표하는 데 지장받지 않아야 한다. 모든 상황은 예측 불허다. 강의실, 대회의실, 소회의실, TV 화면, 스크린 화면, 무선 마이크, 유선 마이크, 마이크 없는 곳, 불이 켜진 곳, 불이 꺼진 곳…. 장소 관련해서 정해진 상황은 하나도 없다.

중국의 모터쇼와 관련한 입찰 PT를 할 때였다. 모터쇼라서 전시의 화려하고 예쁜 디자인을 보여주어야 하는 프레젠테이션이었다. 그런데 디자인이 또렷하게 보이지 않는다고 해서 불을 끄는 상황이 발생했다. 뒤에서 "잘 안 보입니다. 불 좀 끄고 합시다"라고 말하는 바람에 이미 써놓은 큐카드가 소용없어진 것이다. 그런데 이때 태블릿 PC를 준비해온 덕분에 한 손에 들고 보면서 말할 수 있었다. 태블릿을 큐카드로 사용한 셈이다. 만반의 준비가 필요한 이유다.

심지어 시청각실이나 컴퓨터실처럼 각 심사위원 앞에 모니터가 놓인 책상이 배치된 곳도 있다. 이런 상황은 또 다르게 대처해야 한다. 앞에 모니터가 있어서 딴짓할 확률이 높기 때문에, 집중도를 높여줄 화면과 영상으로 시시각각 변화를 주어야 한다. 결정권자들에게 "딴짓하지 말고 집중하세요!"라고 말할 수는 없는 노릇이

이기는 PT에는 전략이 있다

다. 이때는 재미있는 동영상과 소리 등으로 집중도를 높여야 한다. 예상치 못한 장소에서 발표하게 되더라도 긴장하지 않도록 사전에 철저하게 준비해야 한다.

대학처럼 규모가 크면 듀얼 화면이라고 하여, 오른쪽과 왼쪽에 커다란 스크린이 있는 곳도 있다. 손짓으로 지시하면 어떤 것을 가리키는지 심사위원들이 알 수 없다. 이럴 경우 동선까지 파악하면서 연습해야 한다. 연습이 제대로 안 되면 낭패를 본다.

입찰 PT에서는 한 명만 들어가서 PT를 하는 게 아니라 서너 명이 팀을 이루어 들어가기도 한다. 이때 팀워크가 상당히 중요하다. 팀원이 미리 노트북 전원을 다 켜서 준비하고 일사불란하게 프레젠터를 도와야 한다. 입찰 프레젠테이션은 이처럼 팀으로 결과를 이루어내는 종합예술 같다.

마이크와 스피커는?

마이크 환경도 고려해야 한다. 유선 마이크, 무선 마이크, 핀마이크, 마이크대에 고정된 휘어지는 마이크 등 다양하니 조작법을 잘 파악해야 한다. 미리 다양한 마이크를 사용해보는 게 좋다. 예전에 무선 마이크가 방전되어 갑자기 꺼진 일도 있었다. 마이크 볼륨이 지나치게 크면 사람들이 불쾌해하거나 거부감을 느낀다. 반대로 너무 작으면 발표 내용을 효과적으로 전달할 수 없다. 어느 정도가

무선 마이크   유선 마이크

HDMI 방식 케이블

RGB 방식 케이블

DVI 방식 케이블

표준 HDMI-
미니 HDMI
방식 케이블

HDMI VGA 컨버터

케이블 변환 젠더

적절한지 다양한 테스트가 필요하다.

또한 케이블도 HDMI 방식, RGB 방식, 변환 케이블 방식 등 모두 다르다. 자신이 가진 PC와 호환이 안 될 수도 있다. 유비무환의 자세로 모든 PC나 프로젝터에 사용되는 각종 케이블을 소지하고 다니는 게 좋다.

발표장마다 여건은 다르다. 간단하게 USB만 꽂으면 되도록 미리 다 준비된 곳도 있고, 발표자의 노트북을 사용해야 하는 곳도 있다. 호환 방식이 맞지 않는 기기 때문에 곤란하여 진땀을 뺀다면 PT의 내용은 이미 머릿속에서 사라져버릴 수 있다. 모든 분위기가 발표자에게 에너지를 주고 힘을 주는 환경이어야 한다. 자신이 만들고 제어할 수 있는 환경을 완벽하게 준비하자.

스피커가 필요해질 수도 있다. 요즘 블루투스 스피커를 많이 사용하는데 입찰 PT에도 좋을까? 경험자로서 대답은 'No'다. 블루투스와 같은 무선 기기는 오작동하거나 켜는 데 시간이 걸린다. 선을 꽂아서 소리가 바로 나오는 스피커 환경이 훨씬 좋다. 마이크도 무선보다 유선 마이크를 사용하는 게 낫다. 세월아 네월아 준비할 시간이 없다.

앞에 보여주는 스크린 이외에 심사위원들에게 샘플을 나눠준다거나 태블릿 PC를 한 대씩 전해줄 수 있다. 이럴 때 즉각 나눠주고 즉각 수거하는 사람이 필요하다. 더 상세하게 설명하기 위해 별도로 차트를 만들어서 보여줄 때도 있다. 그러면 차트를 보여주는 발표가 끝나는 대로, 나머지 팀원이 신경 거슬리지 않도록 조용히 사용한 차트를 거두어 가야 한다. 말하지 않아도 서로 마음이 딱딱 통하는 팀원들이 필요하다. 팀원 간에 서로 미루거나 무언가 잘 안 되어 신경전을 벌이는 모습 등은 결코 보이면 안 된다. 환경을 내 것으로 만들자.

적을 알고
나를 알아야

사람마다 다이어트의 목적이 같을 수는 없다. 결혼식을 앞둔 신부에게는 아름다운 드레스를 입겠다는 목적이 있다. 여배우는 차기 작품의 캐릭터를 완성하기 위해 혹은 화보집 촬영을 위해 혹독한 다이어트를 한다. 출산 후 불어난 몸을 회복하기 위해 살을 빼기도 한다. 고지혈증과 혈관 질환 등으로 배가 나온 50대 남성은 건강상 이유로 뱃살을 빼야 한다. 취업 준비를 위한 다이어트도 있다. 외모 콤플렉스 때문에 살을 빼기도 한다. 20대 여성과 50대 남성의 다이어트 목적은 완전히 다를 수밖에 없다.

다이어트의 목적이 다르면 방법도 달라야 한다. 피트니스 센터에 등록하여 유산소 운동 위주로 단시간 내에 혹독한 트레이닝을 받을 수도 있다. 관절이 약하거나 허리 질환이 있는 사람들은 등산이나 헬스와 같은 운동은 무리가 되기 때문에 요가나 스트레칭과 식사 조절을 병행해야 한다. 한 달가량 단시간 다이어트를 할 수도 있고, 일 년에 걸쳐 시간을 쏟으면서 서서히 살을 빼기도 한다. 무조건 굶는 방법은 당연히 좋지 않다. 다이어트 전략은 목적에 따라 분명 다르다.

말하기의 목적도 마찬가지다. 취업 면접에서 하는 말하기는 당연히 구직을 목적으로 한다. 강단에서 설교하는 목사는 신앙생활의 이유를 전달한다. 학원 강사는 시험에 나올 내용을 이해하기 쉽게 학생들에게 전달해야 한다. 보험회사 영업사원은 미래의 불안을 강조하며 보험의 필요성을 부각해 계약으로 이어지게끔 말한다. 개그맨은 청중을 웃게 하려고 말한다. 연극배우는 스토리를 감동적이고 재미있게 전달하기 위한 목적으로 대사를 실감 나게 말한다. 아나운서는 뉴스의 정보를 정확하게 전달하기 위해 신뢰감 있는 목소리로 말한다. 홈쇼핑 쇼호스트는 상품을 판매하기 위한 전략으로 말한다.

프레젠테이션의 목적, Purpose도 뚜렷하다. 단 하나, 발표를 듣고 난 후 참석자가 발표자의 의도대로 결정을 내리게 하는 것이다. 이해시키고 행동으로 결정하게 해야 하는 고도의 기술이다. 청중을 웃기거나 감동하게 하거나 지식을 전달하는 말하기가 아니다. 물론 내용 중에 재미를 주거나 동기를 부여하거나 유용한 정보를 전달할 수도 있다. 그러나 전달 방식이 조금씩 다르더라도 궁극적인 이유는 '설득'이다. PT의 목적을 달성하려면 전략을 제대로 세워야 한다. 경쟁사와 발표 순서에 맞는 전략이 필요하다.

회사 분석을 명확히, 경쟁사 분석을 철저히 하라

20대에 소개팅에 나가본 경험이 한 번쯤 있을 것이다. 상대방의 정보를 대략 파악하고 난 후 소개팅에 나가면 성공할 확률이 높다. 사는 지역, 전공, 좋아하는 취미, 호감을 느끼는 스타일 등을 주선자로부터 알아낸 다음 소개팅을 하면 상대의 마음을 쉽게 열 수 있을 것이다. 대학 입시, 취업 등을 위해서는 당연히 입학하려는 대학과 회사에 대한 사전 조사가 충분해야 한다. 대학 입학을 준비하던 10대 시절, 가고 싶은 대학을 혼자 찾아간 적이 있다. '내가 갈 대학이구나' 생각하며 교정을 거닐어보았다. 그 경험은 그 대학에 합격하는 데 보이지 않는 힘으로 작용했다.

입찰 PT 전에 프레젠터는 기본적으로 자신이 소개할 상품(서비스)을 제공하는 회사에 대해 숙지해야 한다. 국내사인지 외국계인지, 대기업인지 중소기업인지 알아야 한다. 생산 업무인지 사무직인지 직무도 파악할 필요가 있다. 그 회사의 전반적인 분위기를 인지하고 CI(corporate identity)도 알아야 한다. CI는 기업이 지니는 통합적인 이미지와 문화를 의미한다. 기업의 존재 의의라고도 할 수 있다. 회사의 창업주와 히스토리 등을 충분히 이해하고 프레젠테이션 준비를 시작해야 한다. 철저한 분석이 토대가 되어야 제대로 된 제안이 나올 수 있기 때문이다. 고객사는 누구에게나 할 수 있는 평범한 제안을 원하지 않는다. 소개팅에서 나에게 맞는 인연을 기다리는 것처럼, 우리 회사를 얼마나 잘 알고 우리 회사에 잘 맞

회사에 대한 철저한
분석이 토대가 되어야
제대로 된 제안이
나올 수 있다.

경쟁사에 대한
다방면의 정보를
최대한 입수하고
분석해야 한다.

는 제안을 하는지가 관건이다. 회사 분석을 명확히 한 후에 맞춤형 제안을 해야 뜬구름 잡거나 기대에 어긋난 제안을 하는 잘못을 범하지 않는다. 사랑은 서로 아는 것에서 시작된다. 관계 형성은 기본적으로 '앎'이다.

유사 업체, 유사 사업군이 많다. 같은 상품이라고 하더라도 가격이나 서비스가 천지 차이다. 화장품 회사는 고급화 전략을 택하기도 하고, 저가 마케팅을 펼치기도 한다. 입찰 PT는 나만 잘하는 것으로 부족하다. PT는 치열한 경쟁이다. 경쟁사보다 무조건 잘해야 한다. 경쟁사가 비슷한 사업 경험이 있는지, 어떤 가격 전략을 내세우는지, 경쟁사의 광고와 고객 친밀도는 어떤지, 추가적인 제안이나 특별한 요소는 무엇인지 최대한 정보를 입수해야 한다. 또한 이전에 입찰에 성공해서 운영한 업체가 있다면 운영 기간과 발주처의 평가(장단점), 금액 등의 기본적인 정보를 파악하는 것은 물론이다.

돋보이는 팀워크로

유난히 팀 실적이 좋은 1팀과 유난히 팀 실적이 좋지 않은 2팀이 있었다. 몇 번의 PT를 진행하고 나서 두 팀의 차이를 알 수 있었다. 바로 팀워크다. 1팀은 평상시에도 사이가 좋을 뿐만 아니라 입찰

PT가 진행되면 일사불란하게 움직인다. 각자의 역할이 확실하며, 일의 진행 상황을 작은 부분까지도 공유한다. PT에 들어가면 막힘이 없다. 신속 정확하게 자료를 나눠주고 인사하며 발표 준비를 하고 질문에 대한 답변까지도 역할에 맞게 척척 해낸다.

반면 2팀은 담당자가 할 일이라고 생각하며, 발표 당일까지 준비가 어떻게 되어가는지 팀원들이 모른다. 개인주의를 넘어 팀워크가 좋지 않다 보니, 자료에 문제가 생겨도 누구 하나 모를 정도다. 문제를 담당자의 탓으로 돌리기 바쁘다. 답변도 서로 미루다 보니 누가 봐도 신뢰가 안 간다.

입찰 PT는 B to B로 진행되기 때문에 금액이 큰 경우가 많다. 그래서 개인이 담당하더라도 팀 단위로 움직이게 된다. 타 부서와의 협업도 진행된다. 팀워크가 좋은 팀과 그렇지 않은 팀이 차이가 날 수밖에 없는 이유다.

유능한 직장인인 Y는 항상 높은 수준의 업무 성과를 낸다. 일 처리도 빠르고, 정확하고, 마감을 놓치지 않는다. 혼자서 일하는 것은 최고 수준이다. 그런데 Y에게 부하 직원이 생겼다. 부하 직원의 일 처리 속도나 결과물은 Y의 마음에 들지 않는다. 부하 직원을 혼내다가도 결국 부하 직원에게 시킬 일을 혼자 처리해버린다. 혼자 하는 것이 시간도 절약되고 효율적이라고 생각한다.

Y는 현재는 회사에서 인정받지만 앞으로 어떻게 될지 불 보듯 뻔하다. 책임감도 있고 업무 수행력도 뛰어나지만 일이 점점 늘어날수록 직원들과의 갈등이 걱정된다. 회사 업무는 절대 홀로 이루

어지지 않는다. 훌륭한 리더가 되는 길은 팀워크에 있다. 리더십은 영향력이다. 영향력은 바로 '신뢰'다. 신뢰를 얻어야 영향력이 생기고, 영향력이 발휘되어야 리더가 된다. Y가 더 크게 성장하려면 부하 직원을 신뢰하고 서로 힘을 합쳐 일을 해내는 능력이 필요하다. 사람에 대한 믿음이 우선되어야 한다.

이와 마찬가지로 프레젠테이션은 팀 프로젝트다. 흔히 프레젠테이션은 발표자만 잘하면 된다고 생각한다. 발표자의 능력에 성공 여부가 좌우된다고 여기지만 실상은 그렇지 않다. 팀워크에 따라 성패가 결정된다. 프레젠터 개인의 역량으로 좋은 결과를 얻을 거라는 기대는 하지 말자. 팀원 각자의 역량, 능력, 경험, 지식 등을 고려하여 역할을 잘 정해야 한다.

발표 전 준비 단계에서부터 역할 분담을 철저히 하고 팀워크를 다져야 한다. 발표는 누가 하고, 제안서는 누가 나눠주고, 기기는 누가 세팅하고 작동할지 확실하고 구체적인 역할 분담이 필요하다. 발표자의 눈빛이나 손짓 등을 잘 이해하고 커뮤니케이션해야 한다. 입찰 PT에서는 발표 시간을 정확히 지키는 일이 중요한데 발표자가 시간까지 체크하기 어려울 때가 있다. 그러면 팀원이 미리 맞춰둔 신호(손가락, 헛기침 등)로 발표자에게 몇 분 남았는지 알려줘야 한다. 질문에 대한 대답 역시 가장 적절한 내용으로 할 수 있도록 각자 맡은 파트에 맞추어 준비하고 답변해야 한다. 실제 발표에 들어간 다음 심사위원과 청중이 보는 앞에서 우왕좌왕하는 모습은 금물! 서로 미루는 모습을 보이는 것만큼 발표의 신뢰감을 떨어뜨리는 행동은 없다.

발표 준비를 급하게 하다 보니 가장 중요한 질의응답에 대한 연습이 부족했다. 심사위원이 "우천 시 어떻게 할 겁니까?"라고 질문했다. 그런데 대답하기로 한 담당자가 집중하지 않고 딴짓을 했다. 얼결에 다른 사람이 대답하게 되었다. "일기예보에 비가 안 온다고 했습니다"라며, 준비한 답변이 아닌 임기응변식의 답변을 해버렸다. 누가 봐도 성의가 없어 보이는 답변이었다. 심사위원들은 예상한 대로 '당신들은 안 될 거다'라는 표정이었다. 결국 3개월간 준비하고 대답을 잘못하여 점수를 깎이는 바람에 떨어지게 된 사례다.

입찰 PT에서 별것 아닌 부분은 하나도 없다. 모든 면을 세심하고 철저하게 준비해야 한다. 손발이 척척 맞는 팀워크는 환상의 결과를 만들어낸다. 짧은 프레젠테이션 시간만큼 최대한 집중하면서 발표자와 한마음 한뜻을 이루어야 한다. 사소한 부분이지만 팀 안에서 심사위원들을 부르는 명칭도 통일해야 한다.

팀워크를 이루면서 마음을 맞추어가는 프레젠터 팀이 되는 길은? 바로 서로를 믿는 마음, 함께 성장해나가겠다는 마음이다. 칭찬과 인정과 함께 결과에 대한 보상을 서로 나누는 윈윈(win-win)의 자세다. 프레젠터로서 사람을 키우는 일로 멋진 숲을 일구어가야 한다. 발표자 홀로 자라서 키가 쑥 큰 나무가 되어버린다면 건강한 숲은 이룰 수 없다. 튼튼한 숲으로 함께 자라나갈 역량을 갖춘 프레젠터가 되자.

비주얼
체크리스트

설득의 전투에서
살아남는 무기
'S라인 보이스'

매력적인 S라인의 몸매처럼 목소리(보이스)에도 S라인이 있다. 들어간 곳과 나온 곳이 있어야 매력적인 보이스라고 느낀다.

결혼식에서 주례 선생님이 부부로서 꼭 알아야 하는 인생의 노하우를 담은 주옥같은 말씀을 전해주실 때 듣지 않고 옆 사람과 이야기하거나 먼저 밥을 먹으러 간 적이 있다. 내용은 좋지만 같은 톤으로 일정하게 말하면 집중력이 떨어지고 식상하게 느껴진다. 만약 입찰 PT에서 그 주례 선생님처럼 말해서 심사위원이 하객처럼 지루하게 느낀다면 어떤 결과가 나올지 보지 않아도 뻔하다. 아무리 좋은 이야기도 보이스에 S라인을 살리지 않으면 안 된다.

보이스를 매력적으로 살리려면 보이스 3P가 필요하다. 바로 Pause(중지), Pace(속도), Pitch(고조)다. 입찰 PT에서 집중도를 끌어올릴 수 있는 3P에 대해 알아보자.

이기는 PT에는 전략이 있다

보이스 3P 첫 번째, Pause

모두 정신없이 시끄럽게 떠드는 교실에서는 선생님이 아무리 조용히 하라고 해도 말을 듣지 않는다. 그러다 갑자기 선생님이 침묵을 유지하면 얼마 안 가서 반 전체가 쥐 죽은 듯이 조용해지는 순간을 학창 시절에 한두 번쯤은 경험했을 것이다.

발표하러 앞에 나가면 발표자는 끊임없이 말을 해야 한다고 생각한다. 하지만 때로는 전략적으로 말을 '중지'해야 할 필요도 있다. 언어적 중지(포즈)는 크게 두 가지로 볼 수 있다. 첫 번째는 누구나 쉽게 쓰고 있는 방법으로, 의미에 따라 단락 단락을 충분히 끊어 읽는 것이다. 우리말은 어디에 포즈를 두느냐에 따라 의미가 달라지기 때문에 의미에 따라 끊어 읽기를 잘해야 한다.

기본적인 포즈에서 한 단계 나아가 말을 잠시 '중지'하는 것이 두 번째 방법이다. 입찰 프레젠테이션에서는 '킬러 콘텐츠'가 있다. 우리만 제안하는 핵심 메시지다. 이처럼 중요한 이야기는 곧바로 말할 게 아니라 잠시 포즈를 두었다가 심사위원이 집중할 때 꺼내는 게 더 바람직하다. 예를 들어 금액이 중요한 이야기라면 "저희 금액은 ○○○입니다"라고 얘기하기보다 "저희 금액은 (잠시 쉬고) ○○○입니다"라고 이야기하는 게 집중도를 높일 방법이다. 또 질문을 던지면 곧장 답변하지 말고 청중이 충분히 생각할 시간을 준 후 응답하는 것이 좋다.

이런 언어적인 포즈 외에도 프레젠테이션에서는 비언어적 포즈

누가 저 대신 프레젠테이션 좀 해주세요

를 사용할 수 있다. 파워포인트에서 검은색이나 흰색 화면을 활용하여 시각적으로 화면을 '중지'하는 방법이다. 잘 나오던 화면에서 갑자기 하얀 화면이나 검은 화면이 나오면 심사위원들이 어리둥절해져서 자연스럽게 발표자에게 집중한다. 파워포인트에서 시각적 중지를 주는 방법은 다음과 같다. B 자판을 누르면 검은색 화면이, W 자판을 누르면 하얀색 화면이 된다. 상황에 따라 전략적인 '중지'를 활용해서 청중의 몰입도를 끌어올리자.

보이스 3P 두 번째, Pace

놀이공원에 가서 롤러코스터를 탈 때를 떠올려보자. 빠르게 내려가는 순간의 짜릿함을 기억하는가? 그런 짜릿함을 느낄 수 있는 것은 처음에 천천히 올라갈 때 딱, 딱, 딱 하는 소리를 들으면서 점점 신경이 곤두서다가 긴장감이 극에 달했기 때문이다. 음악도 마찬가지다. 처음부터 끝까지 빠른 랩만 들을 때보다 노래가 부드럽게 흐르다가 빠른 랩이 나올 때 감동이 배가된다. 말할 때도 처음부터 끝까지 천천히 말하는 것보다 조금이라도 속도에 변화를 줘서 듣는 귀가 지겹지 않게 배려할 필요가 있다.

입찰 PT에서 아무리 말을 잘하는 사람이라도 같은 속도로 20분 동안 말하면 집중력이 떨어질 수밖에 없다. 그럼 페이스를 어떻게 변화시킬 수 있을까? 강조해야 하는 부분이 나오기 전에 빠르게

갔다가 중요한 포인트에서 속도를 줄여주는 것이다. 운전할 때 빠른 속도로 달리다가도 어린이 보호구역을 만나면 천천히 가는 것처럼 말이다. 페이스에 변화를 주는 방법에다 앞에서 말한 포즈 기법을 섞어 사용한다면 효과는 갑절로 늘어날 것이다.

심사위원의 연령대에 따라서 말의 속도를 적절하게 준비해서 가야 한다. 어느 날 부모님과 함께 차를 타고 가는데 두 분이 라디오에서 나오는 랩을 듣고 이렇게 말씀하셨다. "야는 뭐라 카노? 무슨 말인지 하나도 모르겠다." 단어 사이사이를 너무 빠르게 말하면 문장의 뜻을 이해하지 못하게 된다.

실제 '이기는PT'에 의뢰한 회사 대표님과 전체 실장님을 모시고 입찰 PT 시연을 하는데 서로 다른 의견이 나왔다. 연세가 있는 대표님은 입찰 프레젠터로 말을 천천히 하는 사람을 선택했고, 젊은 실장님은 말하는 속도가 조금 빠른 사람을 선택했다.

그럼 어떻게 맞춰야 하는가? 모든 심사위원에게 맞추긴 쉽지 않다. 이럴 때 가장 현명한 방법은 바로 키맨에게 맞추는 것이다. 키맨이 좋아하는 속도를 확인하고 거기에 맞춰 전달하는 것. 이것이 입찰 PT에서 가장 알맞은 페이스이지 않을까?

보이스 3P 세 번째, Pitch

포즈와 페이스에 이어 보이스 3P의 마지막 변화는 바로 Pitch다.

누가 저 대신 프레젠테이션 좀 해주세요

공연장에서 공연이 시작되면 큰 사운드에 압도당하는 느낌을 받곤 한다. 그래서 한동안 무대에만 집중하는데 시간이 지나면 그 큰 사운드 속에서도 옆 사람 이야기가 들릴 만큼 적응한다. 큰 소리로 진행하더라도 그것이 반복되면 상대가 적응해버릴 수 있다.

고조(피치)는 어릴 때 오락실에서 비행기 게임을 할 때 한 번씩 총을 쏘다가 중요한 순간 3번 정도 사용할 수 있는 폭탄을 생각해 보면 포인트를 기억하기 쉽다. 위에서 배운 포즈와 페이스로 변화를 주다가 PT 중 가장 중요한 순간이다 싶을 때 버튼을 누르는 것이다.

발표할 때 처음부터 크게 말하기보다 중간중간 중요한 포인트에서 피치를 올려주는 게 좋다. 평상시 연습할 때 어느 포인트에서 어느 정도 크기로 말할 것인지 미리 준비한다.

말소리의 크기를 1~100으로 정한다. 그런 다음 장소와 인원에 따라 기본적인 내용을 전달할 때는 50 정도로 가다가 중요한 부분에서 70, 가장 중요한 포인트에서 90 정도까지 끌어올려 집중시키고 다시 50 정도로 내려와 진행하는 방식이 필요하다.

리허설을 발표장과 비슷한 공간에서 해보라고 추천하는 이유도 여기에 있다. 어느 정도 크기로 했을 때 심사위원들에게 부담 없이 잘 들릴지 모른다면 피치를 올렸을 때 오히려 거부감이 생길 수도 있기 때문이다.

작은 소리부터 차례대로 올라가는 연습을 한다.

이기는 PT에는 전략이 있다

볼륨10-이기는PT

볼륨20-이기는PT

볼륨30-이기는PT

볼륨40-이기는PT

볼륨50-이기는PT

볼륨60-이기는PT

볼륨70-이기는PT

볼륨80-이기는PT…

그리고 다시 거꾸로 내려오는 방법으로 진행한다.

어떤 이는 대한민국에서 노래 잘하는 사람이 많은 이유 중 하나가 노래방이라고 한다. 내가 어떻게 부르고 있는지 상태를 정확히 알고 그것을 조절할 능력을 갖추는 것. 입찰 PT에서도 필요한 부분이다.

S라인 보이스 중 변화의 3P인 Pause, Pace, Pitch를 통해 청중을 사로잡는 보이스로 거듭나보자.

누가 저 대신 프레젠테이션 좀 해주세요

비주얼 체크리스트

분류	평가 항목	평가 기준	점수	비고
보이스	발음	발음이 알아듣기 쉽고 명료한가?		
	발성	목소리에 울림이 있고 모두에게 전달되는가?		
	변화	내용에 따라 높임·낮춤 강조를 사용하는가?		
	속도	내용에 따라 말의 속도를 조절하는가?		
	포즈	내용에 따라 포즈를 통해 전달력을 높이는가?		
	호흡	말의 흐름이 자연스러운가?		
스피치	발어사	습관어나 발어사가 반복되지 않는가?		
	질문	청중의 호응을 유도하기 위한 질문을 사용했는가?		
	자신감	말투에 자신감이 드러나는가?		
	어미 처리	불확실한 표현을 사용하지 않고 명료한 어미를 사용했는가?		
	궁금증의 기술	청중들을 궁금하게 만들었는가?		
	A-B-A'	A-B-A'로 스피치 구조를 만들었는가?		
아이컨택	시선 분배	심사위원에게 골고루 시선을 분배했는가?		
	몸과 시선	몸과 시선이 일치하며 자연스러웠는가?		
	손과 시선	손과 시선이 일치하며 자연스러웠는가?		
제스처	손짓	손등을 보이지 않고 명확한 손짓을 통해 내용의 이해를 도왔는가?		
	공간 활용	역삼각형 이동을 통해 분위기의 변화를 주었는가?		
	자세	한쪽으로 기울지 않고 곧은 자세인가?		
	시선 방해	스크린을 가려 청중이 보는 데 방해되지 않는가?		
미디어	포인터 방향	화면이나 컴퓨터 방향을 가리키지 않고 자연스럽게 넘기는가?		
	포인터 레이저	레이저를 흔들거나 다른 방향에 쏴서 흐름에 방해를 주지 않는가?		
	동영상 볼륨	동영상 볼륨이 너무 크거나 작지 않고 적당한가?		
	블랙스크린	청중의 집중을 위해 블랙스크린을 적절히 사용했는가?		
	동영상 플레이	동영상이 끊어지지 않고 자연스럽게 플레이되었는가?		
이미지	헤어	눈이나 얼굴을 가리지 않고 단정한가?		
	의상	전략적 색상과 의상을 선택했는가?		
	구두	의상과 헤어에 어울리는 구두를 신었는가?		
	액세서리	튀지 않고 전체적인 의상 콘셉트와 어울리는 액세서리를 착용했는가?		
	메이크업	튀지 않고 의상, 헤어와 어울리는 메이크업을 했는가?		
소계				

이기는 PT에는 전략이 있다

언어보다
3배 중요한
몸짓 언어
익히기

커뮤니케이션에서 가장 중요한 것은 상대방이 입으로
말하지 않은 것을 듣는 것이다.
– 피터 드러커

예전에 지방선거 당시 어떤 선거 후보와 악수한 적이 있다. 별로
지지하지 않는 당에 소속된 후보였다. 그가 유권자들과 일일이 악
수하고 얼굴을 마주 보고 눈인사하며 선거 유세하는 현장을 우연
히 지나가다가 악수하게 된 것이다. 그 사람의 선거 공약에 관해서
도 정보가 전혀 없는 상태. 그런데 손을 맞잡고 정말 열심히 하겠
다는 열의를 보이는 그 순간만큼은 간절한 마음을 느꼈다. 투표장
에서 투표하는데 그 후보의 얼굴이 떠올랐다. '진심이었을까?' 하
고 반신반의하는 마음도 일었으나 정치적인 견해가 별로 없던 시
절인지라 한 번 악수하고 눈인사를 나눈 그를 찍고 말았다. 선거

누가 저 대신 프레젠테이션 좀 해주세요

결과가 나온 뒤 당선된 그 정치인의 행보에 관심을 두게 되었다. 나뿐 아니라 이런 경험을 한 사람이 꽤 많지 않을까?

의사소통에서 언어가 차지하는 비율은 단지 7%. 비언어적 요소 93%가 의사소통을 결정한다고 한다. 이처럼 몸짓 언어는 중요하다. 몸짓, 말투, 표정, 분위기 등 말 이외의 부분이 바로 몸짓 언어다. 비언어적 신호는 효과적인 의사소통을 위해서 적절하게 사용해야 한다.

아기는 끊임없이 몸짓 언어로 말한다. 세상에 태어나 생존하기 위해 힘써야 하는 아기의 표정과 몸짓은 솔직하다. 엄마는 아기를 자세히 관찰하면서 아기의 마음을 읽을 수 있게 된다. 아기는 흥미를 끄는 대상이 생기면 입을 살짝 벌리거나 눈썹을 치켜세우기도 한다. 흥미를 끄는 쪽으로 고개나 몸을 기울인다. 관심 대상을 향해 다가가고 싶은 마음의 표현이다. 배가 고플 때, 기저귀가 젖었을 때, 졸릴 때, 심심할 때, 짜증이 날 때 등 모든 상황에서 아이는 몸으로 신호를 보낸다. 언어화 이전의 인간이기 때문이다.

해외여행을 가면 생각보다 보디랭귀지가 잘 통한다. 손으로 가리키거나 목소리를 크게 하거나 몸동작을 오버해서 표현하며 자신의 의사를 전달한다. 외국어 한마디 몰라도 물건값을 흥정할 수 있고, 원하는 음식을 주문할 수도 있다.

몸짓 언어에서 중요한 것은 '라포르(rapport) 형성'이다. 라포르는 프랑스어로 다리를 놓는다는 뜻이다. 카운슬링을 하거나 교육을 할 때 상대방과 신뢰 관계를 형성해야 같은 편이 된다. 시선을

이기는 PT에는 전략이 있다

접촉하며 은근한 눈길을 주고받는 것에서 시작한다. 사람의 눈은 많은 정보를 담고 있다. 타짜들은 게임판에서 상대방의 동공 크기를 읽어 패를 추측한다고 한다. 동공은 감정에 따라 크기가 달라지는데, 마음이 동할 때 동공이 커지기 때문이다(동공이 정상보다 더 커져 있는 상태를 매력적으로 느낀다고 한다). 눈의 움직임만으로 상대방의 생각을 짐작할 수도 있다. 대화할 때 눈을 마주 보지 않고, 시선이 아래로 가거나 다른 곳을 향한다면 관심이 없다는 뜻이기도 하다.

또한 웃음에도 가짜 미소와 진짜 미소가 있다. 눈꼬리가 내려오지 않고 억지로 웃는 듯한, 입만 웃고 있는 것이 가짜 미소다. 악수하거나 가볍게 손, 팔 등을 스치는 행위만으로도 유대감을 높일 수 있다. 머리를 끄덕이면서 말하는 사람을 보면 상대방은 더 잘 듣게 되거나 대화하고 싶은 마음이 생긴다. 이처럼 제2의 언어인 몸짓 언어는 입찰 PT에서도 중요한 부분이다.

입찰 프레젠테이션은 회의실에 서서 화면을 보고 발표하는 경우가 많다. 앉아서 제안을 설명하는 테이블 미팅을 잘하는 영업사원이 입찰 PT를 두려워하는 이유 중 하나도 서서 발표해야 한다는 점이다. 서서 발표하면 겉으로 보이는 모든 것이 심사위원의 눈에 들어온다. 단순히 말만 잘할 것이 아니라 서 있는 자세, 손짓과 같은 움직임 하나하나에 신경 써야 한다. 몸짓 언어는 말하고자 하는 메시지를 더 강력하게 전달하기 위한 또 다른 전략이 될 수 있다. 몸짓 언어는 무조건 크게 제대로 해야 한다는 것을 기억한다.

발표를 위한 몸짓 언어 몇 가지를 살펴보자.

시선

눈 맞춤이 중요하다. 혼자만 말하고 대본을 읽듯이 말하는 건 아무 소용없다. 청중에게 나의 의견을 전달하는 자리, 특히 설득하고 마음을 얻어야 하는 자리에서는 눈빛이 중요하다. 화면이나 스크립트만 보고 읽으면 곤란하다. 다양한 청중과 수시로 눈을 맞추도록 한다. 지나치게 두리번거리거나 머리를 흔드는 행동은 금물. 산만해 보일 수 있다. 눈이 마주칠 때 고개를 살짝 끄덕여주거나, 눈빛으로 말을 전하는 듯한 표현으로 진정성을 보여줘야 한다.

입찰 프레젠테이션에서는 시선 또한 전략적으로 사용할 수 있다. 시선을 골고루 분산하되, 키맨을 집중적으로 바라보는 것이다. 말할 때 상대의 눈을 보는 것이 중요하듯, 설득해야 하는 대상을 바라보고 말하는 것이다. 인원이 많으면 그룹을 지어 시선을 그룹별로 두며 눈을 골고루 맞추는 것이 좋다. 특히 사각지대가 발생하지 않게 전체적으로 눈을 맞출 필요가 있다.

제스처

사진을 찍을 때 손을 어디에 두어야 할지 몰라서 곤란해진 적이 있지 않은가? 어정쩡하게 손을 주머니에 넣거나 팔짱을 끼거나. 발표할 때도 손동작이 어색하다. 집에 두고 올 수 있다면 좋겠다고 고민할 정도다.

　화면을 가리키는 제스처가 많은 입찰 프레젠테이션에서는 손 제스처를 조심할 필요가 있다. 손가락으로 가리킬 때는 28%, 손등으로 가리킬 때는 52%, 손바닥을 보여줬을 때는 84%가 발화자의 메시지를 긍정적으로 받아들였다고 한다. 뉴스에서 기상캐스터가 날씨를 전할 때 손바닥으로 지도를 가리키는 이유가 여기에 있다. 메시지를 긍정적으로 전달하려면 손바닥으로 가리키는 것이 좋다.

　적당한 손짓으로 사람들의 시선을 끌 수 있다. 중요한 부분을 가리키면서 "여기를 봐주십시오"라고 말하거나 강조하고 싶은 대목에서 손을 올리면서 말한다. "여러분께 말씀드립니다"와 같이 청중을 향할 때 자연스럽게 손을 든다. 이때 부담스러운 느낌을 주어서는 안 된다.

이동

한 자리에서 가만히 처음부터 끝까지 발표한다면 어떨까? 앞에 서서 얼음장처럼 떨면서 움직이지 않는 발표자를 보면 듣는 사람도 부담스럽다. 긴장감이 그대로 드러난다. 좌우 앞뒤로 살짝살짝 움직여주는 행동이 필요하다. 예전에 연극을 배운 적이 있었는데, 연극 무대 위에서 한두 걸음 걷는 데도 에너지가 많이 쓰이고 떨렸다. 그만큼 청중이 앞에 있으면 작은 움직임 하나하나도 힘들 수 있다. 발표하러 들어가기 전에 가볍게 온몸을 스트레칭하거나 긴장을 푸는 과정이 중요하다.

청중에게 조금 더 가까이 가려는 몸짓은 대화하고 싶다는 뜻이다. 미묘한 차이지만 거리를 줄이면 상대방은 더 귀 기울여 듣고 싶은 마음이 생긴다. 화면이 큰데 한쪽에서만 서서 발표한다면 경직되어 보일 수 있다. 20~30분 정도로 긴 시간 프레젠테이션을 해야 한다면 더욱 그렇다. 이럴 때는 공간을 이동하면서 발표해야 집중도를 높일 수 있다. 트라이앵글을 떠올리면 된다. 내용을 전환할 때는 좌우로 이동하고 내용을 강조할 때는 앞으로 이동하면서 발표한다면 듣는 심사위원의 지루함도 덜 수 있고 발표자 역시 훨씬 프로페셔널해 보일 것이다.

제2의 언어 또한 언어 습관처럼 몸에 배야 하는 부분이다. 중요한 발표를 앞두고 하루 전날 연습한다면 발표 당일에 자연스럽게 나오기는 어렵다. 평상시 연습할 때나 친구와 대화할 때도 지금 배운 시선, 제스처, 동선을 생각해서 설득 스킬을 극대화하자.

선택을 부르는
치밀한
이미지 전략

한 사람에게 다른 옷을 입히고 같은 상황에 놓으면 어떤 결과가 생길까? 예를 들어 후줄근한 옷을 입은 실험자가 빨간불에 횡단보도를 건너는 상황. 사람들은 일제히 이상한 눈으로 실험자를 바라보았다. 반면 말끔한 정장을 입게 한 후 같은 상황을 만들자 주위 사람들은 빨간불인데도 신경을 쓰지 않고 이 사람을 따라 길을 건넜다. 말끔한 옷차림은 이처럼 신뢰감을 준다. 어떤 이미지로 연출하느냐에 따라 상대방의 마음을 움직일 수 있다면 시도해볼 만하지 않은가. "내용물이 중요하지, 포장은 중요하지 않다"라고 말할 수도 있지만 이왕이면 다홍치마다. 포장을 보면 내용물이 궁금해진다. 그 순간 마음이 설렌다. 영국 속담에도 '의복은 최고의 소개자'라는 말이 있다.

비싼 옷, 비싼 가방, 비싼 구두를 착용해야 한다는 말이 아니다. 이미지 메이킹은 자신의 내·외면의 장점은 부각하고 단점은 개

누가 저 대신 프레젠테이션 좀 해주세요

선·보완하는 것이다. 내게 알맞은 최상의 이미지를 상대방에게 보이며 내 편으로 만드는 일이다. 체형, 얼굴형, 키, 목소리 등에 따라 이미지 연출법이 다양하다.

아무리 좋은 주제와 훌륭한 슬라이드, 뛰어난 언변을 지닌 발표자라 하더라도 옷차림이 엉망이라면 신뢰가 떨어진다. 특정 주제에 관련하여 설명한다고 하더라도 해당 옷차림이 프레젠테이션 자리에 어울리지 않는다면 지양한다. 김연아는 피겨 스케이팅 선수였지만, 평창동계올림픽 유치 프레젠테이션 자리에는 단정한 정장 차림으로 섰다.

입찰 프레젠터는 대체로 깔끔하고 정돈된 기본 슈트를 입는 편이다. 그러나 입찰 프레젠테이션 내용에 따라 다르게 접근해볼 수도 있다. 예를 들어 스포츠 의류나 등산용품, 축제 등의 입찰이라면 클래식한 정장이 답은 아니다. 전 직원이 운동화에 청바지를 입고 다니는 회사도 있다. 그런 곳에서는 친근함을 표현하기 위해 프레젠터 역시 운동화에 캐주얼한 복장이 어울린다.

발표 복장으로 야구 유니폼을 입으면 어떨까? 보통의 심사위원이라면 매우 언짢아할 수 있는 복장이다. 그런데 프레젠터가 정장 대신 야구복을 입고 점수를 얻은 경우가 있었다. 바로 'NC소프트' 프레젠테이션에서였다. 발표 전 팀 회의를 한 끝에 NC 야구복을 주문해서 입고 발표를 진행했다. 심사위원으로 직급이 낮은 직원이 랜덤으로 참여한다는 정보를 들었기 때문이다. 애사심이 높은 회사의 분위기와 구단의 승전보를 고려해서 발표장에 야구복을 입고 가는 전략을 세운 것이다.

이처럼 입찰 프레젠테이션에서 이미지는 또 하나의 전략이다. 패션에서 TPO(시간, 장소, 상황)가 중요하듯이 입찰 프레젠테이션에서도 3P에 따라 이미지를 연출해야 한다.

기본에 충실한 프레젠터의 복장을 알아보면 우선 화려함보다는 깔끔함이다. 재킷은 필수다. 베이직한 이미지가 중요한 것은 일반적인 소수의 결정권자를 향한 말하기이기 때문이다. 특정한 계층, 직업군, 연령을 대상으로 한다면 복장이 달라질 수도 있다. 여성이라면 보통 투피스 정장으로 바지보다는 스커트다. 밝은 색 스타킹에 적당한 높이의 구두, 단아하고 깔끔한 블라우스, 차분한 컬러의 스커트를 입는다. 남자는 네이비나 그레이 슈트에 엷은 컬러의 와이셔츠가 기본이다.

우리는 스티브 잡스가 아니다. 스티브 잡스나 마크 저커버그 등 외국의 IT 업계 CEO들이 편한 복장으로 프레젠테이션에 임하는 경우가 많이 소개되었다. 그걸 보고 스티브 잡스처럼 청바지에 검정 티셔츠를 입는 것은 위험하다. 그건 스티브 잡스이기 때문에 가능하다. 절대로 흉내 내지 않는다.

'신언서판(身言書判)'이라는 사자성어가 있다. 사람을 판단하는 네 가지 기준이다. 그 사람의 말과 글, 판단력보다도 앞에 오는 것이 바로 몸 신(身)이다. 신체, 즉 외모와 첫인상이 판단 기준이 된다.

딜레마 해법편

—

대본/
포인터

1. 대본을 그대로 외우면 사고 나기 쉽다

운전면허 기능시험 중에 '돌발'이라는 과정이 있다. 순발력 테스트처럼 갑자기 버저가 울리면 비상 깜빡이를 누르기만 하면 된다. 저렇게 쉬운 걸 누가 못할까 싶었는데 막상 기능시험을 보면서 어려운 주차는 통과하고 '비상 깜빡이'에서 감점을 받았다. 지나고 나면 이해할 수 없는 실수를 왜 하게 될까? 긴장 탓이다. 프레젠테이션에서도 예기치 못한 상황이 발생하면 당황하게 되고, 그때부터는 내가 무슨 말을 했는지, 무슨 말을 해야 할지 머리가 하얘진 경험이 한 번쯤은 있을 것이다.

이런 상황은 대본을 그대로 외운 경우에 가장 많이 발생한다. 조사 하나까지 그대로 외웠는데 긴장하게 되면 알던 문장까지 생각이 안 나면서 프레젠테이션 전체가 무너지기도 한다. 대본을 써서 외워야 한다면 문어체보다 구어체, 자기 말투로 직접 쓰는 것이 좋다. 그리고 내용의 기승전결을 구조화해서 외우면, 소소한 문장이 생각나지 않더라도 큰 실수를 피할 수 있다. 아나운서들이 진행 대본을 외울 때 실제 쓰는 방법이다.

또 대부분의 프레젠테이션은 주어진 시간을 정확히 준수하게 한다. 엄격한 곳은 정해진 시간이 되면 즉시 발표를 중단시키는데 마무리를 못하면 상당히 안 좋은 인상을 준다. 정해진 시간보다 다소 짧게 준비하고 충분히 연습해야 시간에 쫓겨 횡설수설하고 끝내는 상황을 면할 수 있다. 시간을 오버하는 것보다 일찍 끝내는 편이 낫다.

입찰 PT는 다른 프레젠테이션보다 긴장이 많이 된다. 예기치 않은 돌발 상황도 자주 일어난다. 하지만 머릿속 구조화를 통해 프레젠테이션의 흐름을 미리 파악하고, 시간 여유를 가지고, 사전 점검으로 미리 현장을 체크하는 습관을 들인다면 당황하지 않고 프레젠테이션에 집중할 수 있다.

2. 포인터를 자연스럽게 쓰는 연습이 필요하다

입찰 프레젠테이션에서는 포인터를 직접 넘기면서 발표할 수도 있고, 누군가 발표 슬라이드를 넘겨주고 발표자는 포인터를 들지 않고 발표할 수도 있다. 포인터를 들지 않으면 손이 자유로워서 제스처가 편한 반면, 포인터를 들고 있는 발표자는 더 경직될 수 있다. 또 손에 든 포인터를 자꾸 사용해야 한다는 부담감을 느낄 수도 있다. 긴장이 배가되면 빨간 레이저를 화면에 대고 빙글빙글 돌리는 발표자도 볼 수 있다. 또 넓은 화면에서 위치를 잘못 가리켰다가 당황해서 우왕좌왕 레이저를 움직이는 사람도 있다. 그래서 되도록 레이저 포인터를 사용하지 않는 것이 좋다. 발표할 때는 심사위원이 최대한 발표자를 집중해서 보고 들을 수 있게 해주어야 한다. 레이저를 빙글빙글 돌리면 산만해지고 청중의 집중력을 떨어뜨릴 수 있기 때문이다. 가능한 한 직접 손으로 짚어주는 것이 좋다. 디자인 PT처럼 화면 이미지를 가리면 안 되는 경우도 있다. 이럴 때는 포인터를 사용하는 연습이 충분히 이루어져야 한다.

또 포인터를 사용해 슬라이드를 넘기면서 빈번하게 나타나는 실수가 컴퓨터를 향해 포인터를 누르는 것이다. 주변 환경에 따라 다를 수 있지만 대부분 포인터는 컴퓨터와 연결되어 있어서 10~30m 반경에서는 굳이 컴퓨터를 향하지 않아도 조작할 수 있다. 넘기는지도 모를 정도로 자연스럽게 브리지 멘트를 하면서 한 장 한 장 넘기는 모습이 가장 프로답다.

2부

이기는 PT에는 크리에이티브가 숨어 있다

이기는 PT에는 크리에이티브가 숨어 있다

오프닝부터
키맨을
공략하라

프레젠테이션
성공을 결정하는
1분

첫인상은 누구도 두 번 줄 수 없다. 그러나 첫인상의
위력은 의외로 막강하다.
– 주디 갈런드

소개팅 자리의 첫인상은 놀라운 힘을 발휘한다. 기생충 박사로 불
리는 서민 교수는 자신의 책에서, 지금의 아내와 소개팅하는 자리
가 생겼을 때 첫인상을 좋게 보이려고, 약속 시각보다 30분 일찍
나가서 기다리며 책을 읽었다고 썼다. 지적인 분위기를 풍기기 위
해서였다고 고백한다. 먼저 나와 앉아서 책을 읽으며 몰입하는 모
습이 호감을 불러일으켰다. 객관적인 외모와 첫인상의 호감은 떨
어지지만 노력으로 좋지 않은 첫인상을 극복한 사례다. 프레젠테
이션도 마찬가지다. 초반 1분간의 메시지가 성공 여부와 직결될
수 있다.
　이처럼 첫인상은 생각보다 강렬하다. 첫인상이 그리 좋지 않았

어도 만회할 기회가 있다면 그나마 다행이다. 하지만 몇십 배 이상의 노력과 시간을 들여야 안 좋은 첫인상을 바꿀 수 있다면 아예 처음부터 첫인상이 좋게 보이도록 노력해야 하지 않을까?

프레젠테이션에서 처음 1분에 많은 에너지를 쏟아야 한다. 초반 1분 동안 청중을 내 편으로 만들지 못한다면 발표 시간 내내 청중에게 끌려다니게 된다. 초반 1분은 잃을 수도 있고 얻을 수도 있는 시간이다. 마지막보다 처음이 더 중요하다. 프레젠테이션의 성공률을 높이는 초반 1분, 어떻게 만들어낼까?

많은 사람이 지금껏 프레젠테이션의 '영웅'으로 손꼽는 이가 있다. 바로 애플 사의 스티브 잡스다. 그는 죽었지만 전설 같은 프레젠테이션은 아직도 많은 이들의 가슴을 뛰게 한다. 스피치를 하거나 프레젠테이션을 하는 사람들은 모두 스티브 잡스의 프레젠테이션을 외우고 연습한다. 그를 벤치마킹하는 것만으로도 충분하다. 그는 CEO였지만 스피치 및 프레젠테이션 서적에 소개된 것이 훨씬 많을 정도다.

"나의 프레젠테이션은 3막으로 구성된 명작 오페라입니다. 오늘 아침 여러분에게 보여드릴 놀라운 것을 준비했습니다. 모든 고전 명작이 그러하듯 오늘 저의 프레젠테이션 또한 3막으로 구성했습니다. 자, 무엇부터 시작할까요? 제1막 '아이맥'입니다."

"(청바지의 작은 호주머니에서 아이팟 나노를 꺼내며) 청바지의 이 작은 호주머니는 무엇에 쓰이는지 이제 알게 되었습니다."

누가 저 대신 프레젠테이션 좀 해주세요

"(평범한 노란 서류 봉투 속의 맥북 에어를 꺼내며) 오늘 무언가가 있습니다."

최고경영자이자 최고의 프레젠터였던 스티브 잡스. 그의 프레젠테이션은 한 편의 드라마, 한 편의 멋진 쇼였다. 언제나 핵심 내용을 극적으로 구성하고 특별한 포장에 담아 전달하는 그의 프레젠테이션은 청중의 열광을 끌어내었다. 핵심은 무엇이었을까? 가장 먼저 '첫 단추로 기선을 제압한' 초반 1분의 마력이었다.

"오늘 바쁘신데 와주셔서 감사합니다" 혹은 "좋은 날씨입니다" "오늘 제가 말씀드릴 것은 바로 ○○○입니다" 이러한 오프닝을 들었을 때 어떤 기분이 드는가? 대번에 '지루해, 상투적이야, 뻔하지…' 이런 느낌이 들 것이다. '훅(hook)'하게 만들 수 있는 오프닝은 주로 흥미로운 이야기, 논란을 일으키는 사건, 통계, 조사 결과, 폭로성 스토리 등이다. 스티브 잡스는 "오늘 우리는 함께 새로운 역사를 만들 것입니다" "오늘은 제가 2년 반 동안 기대해온 날입니다" "오늘 여러분은 한 편의 놀라운 명작 오페라를 볼 것입니다" 등과 같이 청중을 제압할 수 있는 강렬한 오프닝을 사용했다.

입찰 프레젠테이션 무대를 두려워하는 이유 중의 하나는 분위기가 정말 삭막하다는 점이다. 발표 현장에 들어가 보면 심사위원 대부분이 아래를 보고 있거나 한숨을 쉬는 경우도 있었다. 발표해도 표정이 좋지 않고, 중간에 고개를 젓거나 인상을 쓰기도 한다. 발표 울렁증까지 있는 사람이라면 더없이 혹독한 상황이다. 잘 들어주

이기는 PT에는 키맨을 사로잡는 화법이 있다

는 청중만 있어도 발표나 강의의 절반은 성공인 셈인데 말이다.

　단독 제안을 제외하고 경쟁을 거쳐야 하는 프레젠테이션에서 많게는 9개 업체가 발표하기도 한다. 처음에는 정말 열심히 준비하여 발표하는데, 무심한 표정으로 귀를 기울이지 않는 심사위원 때문에 서운하기도 했다. 하지만 심사위원들 이야기를 들어보면 생각이 달라진다. 객관성과 공정함을 유지해야 하기 때문에 쉽게 웃으면서 반응할 수 없다고 한다. 대부분 무겁고 엄중한 분위기를 유지하는데 혼자만 유머를 주고받을 수도 없다. 처지를 바꾸어 생각하니 이해가 되기도 한다. 비슷한 내용을 많게는 9번가량 반복하여 듣고 평가까지 해야 한다면 기분 좋게 발표 내용에 몰입할 수 없을 것이다. 이러한 상황임을 파악하고 '첫인상'으로 분위기를 바꿔줄 필요가 있다.

"젊은 심사위원이 많고 단기간에 급성장한 회사였습니다. 또한 심사위원이 애사심 높은 직원으로 구성된 상태임을 확인했죠. 그래서 그 기업의 BI 컬러에 맞게 의상을 준비해서 발표에 들어갔습니다. 평소에 잘 입지 않는 노란색 컬러, 바로 이런 모습이었죠.

노란 넥타이, 노란 스카프, 노란 스커트. 모두 노란색을 넣어서 누가 보아도 이 회사의 컬러임을 상기시켰습니다. 직원들이 지나가다 저희 팀을 보면서 웃기 시작했고, 발표할 때 안내해주는 담당자도 대기실에 와서 보는 순간 웃음이 터져버렸습니다. 당연히 웃으면서 인사하고 발표장으로 이동했죠. 저희는 그날 발표할 세 팀 가운데 두 번째 순서였

넥타이, 행커치프,
스카프, 재킷, 스커트,
블라우스를 기업의 BI
컬러 노란색으로 맞춘
프레젠테이션 팀의
단체 사진

어요. 심사위원들이 다들 웃기 시작했습니다. 저는 '혹시 저희가 창피하진 않으시죠?'라고 했습니다. 정말 그 회사와 함께하고 싶은 마음을 비주얼로써 보여준 셈입니다. 이후 발표를 시작했답니다."

처음부터 웃으면서 맞아주던 심사위원들이 발표가 끝나고 난 후 인사를 건네었다. "노란 넥타이는 어디서 구하셨어요? 평소엔 안 하시죠?"라고 하면서 발표 내용에 대해서도 편히 질문했다. 딱딱한 분위기가 풀리도록 상대방의 마음을 편안하게 해주는 것이 발표의 시작이다. 이미 마음이 무장 해제되면서 들을 귀가 열리는 셈이다.

누가 저 대신 프레젠테이션 좀 해주세요

결론부터
말하자면

현대인은 바쁘다. 심사위원은 더 바쁘다. 바쁜 시간을 쪼개어 많은 양의 발표 자료를 다 읽는 걸 대신해서 핵심만 듣고 싶어 한다. 어머니가 바쁠 때 전화해서 이것저것 얘기하면 "그래서 왜 전화했어? 결론이 뭔데?"라는 식으로 반응한 경험이 다들 한 번쯤 있을 것이다. 이처럼 바쁜 현대인은 결론부터 듣고 싶어 한다.

논리적으로 증명하는 방식에는 두 가지 방법이 있다. 개별적인 특수한 사실이나 원리로부터 일반적이고 보편적인 명제 및 법칙을 유도해내는 귀납적 방법. 다른 하나는 어떤 명제로부터 추론 규칙에 따라 결론을 이끌어내는 연역적 방법이다. 입찰 프레젠테이션에서는 주장을 먼저 말하는 연역적 화법이 더 집중되는 효과를 가져온다.

발표를 시작하기에 앞서 오프닝에서 짧은 시간 동안 어떠한 논리와 순서로 발표를 진행할 것인지 말해주는 게 좋다. 그래야 심사위원도 발표가 어떻게 진행될지 예상하고 들을 준비를 할 수 있기 때문이다. 오프닝에서 안내하지 않고 "발표 시작하겠습니다. 먼저 회사 소개입니다"라고 바로 들어가면 듣는 사람도 급작스러운 진행에 당황한다. 라포르를 충분히 형성한 다음 안내하고 발표하는 것과 차이가 크다.

두 명의 이야기꾼이 머리에 딱 붙는 메시지를 만드는 확실한 방법을 담은 책을 한 권 소개하고자 한다. 바로 칩 히스와 댄 히스의 《스틱》(안진환, 박슬라 역, 엘도라도, 2009)이다. 부제는 '1초 만에 착 달라붙는 메시지, 그 안에 숨은 6가지 법칙'이다. 프레젠터가 되려는 사람이라면 읽어야 할 필독서로 손꼽고 싶은 책이다.

바쁜 시간을 쪼개서 참석한 심사위원 앞에서 핵심만 전달하기에도 부족한 시간이다. 뜸 들이면서 빙빙 돌리는 말은 피하도록 한다. 마음을 오픈하는 멘트는 괜찮지만 장황한 머리말은 '딴소리'로 들린다. 곧장 행동으로 들어가거나 핵심에 접근하는 방식이 좋다. 예를 들어 시각장애인의 박물관 관람을 제안할 때 시작하면서 바로 조명을 끈 다음 "이것이 바로 대부분의 시각장애인이 박물관에 방문했을 때 느끼는 기분입니다"라고 단도직입적으로 핵심에 접근한다.

"뉴스 기자들은 기사를 쓸 때 제일 먼저 가장 중요한 정보를 제시하라고 배운다. 즉, 첫 번째 문장에 기사의 모든 핵심이 포함되어야 하는 것이다. 그러한 첫 문장을 리드(lead)라고 부른다."(《스틱》, p.57.)

신문 기자가 첫 문장에서 핵심을 전달해내듯이 설득을 위한 커뮤니케이션에서는 '연역적 화법'을 사용하는 것이 원칙이다. 핵심을 먼저 이야기하고 부연 설명을 한다. 호기심을 불러일으키고 고객의 니즈(needs)를 충족시키도록 한다. 핵심을 말하고, 중요한 내용을 반복 전달하는 것이 훨씬 효과적이다.

프랑스의 비행사이자 작가인 생텍쥐페리가 간결함에 대해 참으로 멋들어진 정의를 내린 적이 있다. "완벽함이란 더 이상 보탤 것이 남아 있지 않을 때가 아니라 더 이상 뺄 것이 없을 때 완성된다"라고 말이다. 핵심 메시지가 아닌 것들을 걸러낼 줄 알아야 한다. 핵심만 강조한 첫 문장, 성공을 부르는 연역적 화법은 어떻게 구사할 수 있을까? 무엇보다도 프레젠터가 '갑'이 되지 않는 것이다. 물론 입찰 프레젠테이션에서 프레젠터는 '을'의 입장으로 발표를 진행한다. 그런데 제안할 때 상대방이 필요한 것이 아니라 내가 하고 싶은 말만 하는 프레젠터가 있다. 그는 자신이 필요한 관심만 상대에게 어필한다. 결국 '갑'으로 서고 싶은 것이다. 상대방을 설득하려면 내려와야 한다.

설득은 '상대방이 내 뜻을 따르도록 깨우쳐 말함'이라고 정의할 수 있다. 결론을 먼저 정하여 언급한 다음 청중의 집중력을 높이도록 한다.

같은 제안을 대상에 따라, 청중에 따라 다르게 제시한 프레젠테이션 사례가 있다.

먼저 H사에 구내식당을 카페테리아 형태로 변형하는 제안을 하는 PT의 오프닝을 살펴보자. H사는 매일 2,500명이 사용하는 구내식당이 있는데 이용자가 늘어나면서 테이크아웃 형태의 전문점으로 운영하길 원했다. 계열사별로 과장급 직원이 2명씩 청중으로 참여하는 프레젠테이션이었다.

"H사에 근무하는 김 대리는 고민이 있습니다. 그 고민은 무엇일까요? 바로 '오늘 뭐 먹지?'라는 고민입니다. 물론 지하 2층으로 내려가면 2,500명이 2개 정도의 메뉴를 선택할 수 있습니다. 사옥 밖으로 나가면 맛집도 즐비합니다. 칼국수, 찌개, 중국요리, 순두부, 해물 요리까지 다양한 맛집 음식을 맛볼 수 있습니다. 그런데 김 대리는 왜 고민하는 걸까요? 지하에 직원식당도 있고 주변에 맛집도 있어서 완벽해 보이지만 여전히 먹을거리에 대한 아쉬움, 비워진 한 조각이 있기 때문입니다. 그 한 조각을 저희가 찾아드리겠습니다.

고민해본 콘셉트는 다음과 같습니다. '빠르게 먹을 수 있으면 좋겠다' 그리고 '간단하면서 맛도 있으면 좋겠다' 거기에 더해서 '특별함까지 있으면 좋겠다'입니다. 무엇보다 지금의 공간과 상황에 꼭 맞는, 여러분만을 위한 제안을 드리겠습니다. 약속드립니다. 선택지가 많아 힘든 제안, 비현실적인 제안은 드리지 않겠습니다. 대신에 비워진 한 조각에 딱 맞는 그런 제안을 드리겠습니다. 저희의 제안은 '패스트푸드의

미래'입니다. 간편하면서도 간단히 먹을 수 있는 패스트푸드의 장점에 맛과 영양도 겸비한 패스트푸드의 미래입니다."

반면 G대학교에 제안한 내용은 조금 달랐다.

"오늘 아침 식사 하셨나요? 간단하게 한 끼 식사하고 오신 분도 있을 테고, 푸짐하게 제대로 된 식사를 하고 오신 분도 있을 겁니다. 우리는 모두 생긴 것이 다르고 성격도, 개성도 다릅니다. 물론 먹는 취향도, 음식의 종류도 다릅니다. 하지만 우리는 모두 하루 세끼 무언가를 먹습니다. 〈먹고, 기도하고, 사랑하라〉라는 영화 제목을 기억하십니까? 여기서 왜 '먹는 것'이 가장 앞에 나왔을까요? 아무래도 인생에서 가장 기본적이면서도 중요하기 때문이 아닐까 싶은데요. 공부하고 인생을 즐기는 데 가장 기본적이면서도 중요한 먹는 것을 저희가 책임지겠습니다. 제대로 된 한 끼 식사를 통해 G대학교 학생의 공부와 인생을 응원하겠습니다."

첫 번째, H사에서 한 제안은 '김 대리의 고민'을 이야기하며 고민 해결 방안으로 오프닝을 했다. 매일 점심 뭐 먹을까 하는 고민은 대부분의 직장인이 할 법한 것이기 때문이다. 평범한 직장인의 대명사인 '김 대리'라는 가상 인물을 들어 이야기를 전개한 것도 좋다.

반면 두 번째, G대학에서 했던 제안은 '왜 먹는가'라는 인생의 고민을 화두로 던졌다. 대학이 공부로 인생을 준비하는 곳인 만큼 먹는 것 역시 삶을 고민하는 일의 영역이라는 점을 강조한 내용이다.

성공을 부르는 연역적 화법은 바로 청중에게 맞게, 상대방이 가려운 데를 긁어주는 시원한 내용이다. 답답하고 모호한 내용으로 시작부터 궁금증을 남기는 게 아니다. 빨리 더 상세한 내용을 듣고 싶게 만드는 도발적인 핵심 오프닝에서 시작된다.

누가 저 대신 프레젠테이션 좀 해주세요

3가지
'ㄱ'을
기억하라

좋은 첫인상을 주는 일은 참 중요하다, 얼굴이 잘생기고 예쁘고를 떠나서. 이를 위해 발표하기 전에 함께하는 팀원들과 모든 것을 미리 상의한다. 들어가면 모두 서서 인사할까, 아니면 인사를 하면서 들어갈까, 인사의 첫 말은 뭐라고 할까. 사소한 부분까지도 마음을 맞추는 이유가 있다. 마음이 잘 맞는 팀과 해야 발표가 자연스럽게 잘 이루어지고 분위기도 화합되기 때문이다.

"○○ 발표할 기회를 주셔서 고맙습니다"라고 하면 아무리 냉정한 사람들이라도 예의를 갖춰 웃으면서 인사를 한다. 겉으로는 냉정해 보이려 애쓰지만, 얼굴을 쳐다보며 눈을 맞추고 인사하는 사람들이 항상 있다. 당연히 발표할 때는 그런 사람의 얼굴을 특히 더 많이 쳐다보고 말하게 된다. 일부러 인상 쓰고 냉정한 표정을 짓는 심사위원들 때문에 긴장감을 느낄 필요가 없다. 심사위원 중 한 명이라도 '내 편'을 만드는 게 중요하다. 인사가 시작이다.

이처럼 얼음장 같은 분위기를 깨는 것이 바로 첫인상, 멘트, 영상 등을 활용한 오프닝이다. 얼음장을 깨고 '오! 이 회사 좀 다르려나? 한번 들어볼까?' 하는 기대, 호기심을 갖게 만드는 것이 오프닝의 힘이다. 전문 프레젠터라면 오프닝으로 차가운 분위기를 전환할 수 있어야 한다. 매번 오프닝에 신경을 많이 쓸 수밖에 없다. 우리가 오프닝으로 말한 내용을 모아보니 다음과 같은 세 가지 규칙이 있었다. 바로 '궁금하게, 공감하게, 공포를 느끼게!'이다.

오프닝의 3가지 'ㄱ'을 기억하라.

궁금하게 하라

궁금하게 하라는 것은 말 그대로 심사위원들이 궁금증을 갖도록 하라는 얘기다. 엉뚱한 이야기를 해도 좋다. 질문을 던지는 게 가장 쉽다. 질문 자체가 궁금하게 만들기 때문이다. 혹은 스스로 질문에 대한 대답을 찾게 된다. 입찰 PT 특성상 발표자가 질문을 던졌을 때 답변을 기대할 수는 없다. 답변해주는 심사위원은 거의 없다. 그래도 당황하지 말고 말을 이어나가면 된다. 궁금하게 만든 다음 본론의 내용과 연결하면 된다. 다음은 게임회사에 들어갔을 때 프레젠테이션의 오프닝 사례다.

"사람은 죽을 때 '껄껄껄' 하면서 죽는다고 합니다. 호탕하게 웃으면서 죽는다는 뜻이 아니라 3가지 치명적인 실수를 하여 후회하면서 죽는단 뜻인데, 무엇이라고 생각하세요?

(잠시 기다린 후) 첫 번째 '껄'은 '더 베풀고 살걸', 두 번째 '껄'은 '더 용서하고 살걸'. 그러면 세 번째 '껄'은 무엇일까요? 바로 '더 재미있게 살걸'입니다. 세상을 재미로 연결하는 ○○ 회사. 저희가 오늘 재미있는 제안 한 가지 더 가지고 왔습니다."

(박서윤 프레젠터)

질문과 유머를 연결하고 제안 내용과 관련성을 갖도록 만든 사례다.

다음은 많은 브랜드를 판매하는 유통회사인 H기업에서 발표한 사례다. 제조사 S기업을 대표해서 발표했다. 경쟁사에서도 전문 프레젠터가 발표를 준비해왔다. 각각 1시간 발표를 하고 그에 따라 어떤 브랜드를 선택할지 결정까지 마치는 자리였다. H 유통회사 판매 직원들을 설득해야만 소속된 S 브랜드 매출이 높아지는 상황이었기에 이 발표는 매우 중요했다. TV를 소개하는 자리였고, 첫 번째로 발표하게 되었다. 심사위원들을 손님이라고 여기고 판매 직원처럼 설명하는 식으로 오프닝을 시작했다.

"(매장에서 TV를 사려고 돌아보는 고객에게 말하듯이) 고객님, TV 보시나 봐요? TV를 선택할 때는 TV를 켜고 보시는 것이 아니라 TV를 _끄고_ 보셔야 합니다.

그리고 잠시 말을 하지 않습니다. 그럼 궁금해진 고객이 쳐다볼 때 TV를 다 꺼버립니다. TV를 켜서 비교해보면 저 또한 어떤 TV 화질이 더 좋은지 구별하기 어려울 때가 있습니다. 하지만 이렇게 두 대를 다 끈 다음 흰색 종이(명함)를 대보면 어떤 TV가 더욱 선명한지 알 수 있습니다. 방금 포장한 도로의 차선과 시간이 좀 지난 도로의 차선, 어떤 게 더 선명해 보일까요? 당연히 방금 포장한 도로의 차선이 또렷이 보이겠죠. TV를 살 때도 바탕이 좀 더 진한 블랙의 패널을 고르면 색감 표현을 잘하는 TV를 선택하실 수 있습니다. 혹시 보고 오신 제품 있으세요? 저는 최홍석이라고 합니다." (이렇게 말하면서 명함을 건네 드린다)

8년 전 S사 제품 발표를 이렇게 한 적이 있었다. 여전히 매장에서는 이 방법을 사용해서 고객을 설득하고 있다. 상대방의 눈과 귀를 열 수 있어야 한다. 그리고 공감하며, 공포를 느낄 때 상대방의 이야기에 귀를 기울인다.

공감하게 하라

'공감하게 하라'는 가장 쉽게 사용할 수 있는 방법이다. 누구나 겪었던 경험, 특히 심사위원도 겪었을 만한 경험을 곁들여 공감을 불러일으키는 방법이다. 특별한 이야기가 아니라 가족, 친구, 우정, 사랑과 같이 누구나 공감할 수 있는 소재를 꺼내보는 것. 여기서 조심할 것은 심사위원 사이에서 찬반이 극명하게 나뉠 수 있는 소재는 꺼내지 말아야 한다는 점이다. 바로 종교, 정치, 인종과 같은 이야기는 피해야 한다. 그리고 반드시 우리가 주장하려는 메시지와 연결 고리를 만들어주면서 본론으로 연결해야 한다. 공감하게 하는 오프닝 사례를 살펴보자.

"(과자 포카칩을 흔들면서 질문을 던진다) 여러분, 이 과자 좋아하세요? 이 과자에 몇 그램 정도가 들어 있을까요? 50g? 60g? 바로 65g 들어 있습니다. 어릴 적 그런 기억 있지 않으세요? 부모님께서 과자 하나 고르라고 하실 때 제일 커 보이는 과자를 선택했다가 집에 와서 뜯어보면 과자 반, 질소 반으로 과대 포장된 과자 봉지에 실망한 경험 있으시죠?

저희는 이 과자처럼 큰 회사가 아닙니다. 아주 작은 회사죠. 비교해본다면 (양복 안주머니에서 초코파이를 꺼낸다) 바로 이 초코파이 같은 회사죠. 초코파이는 작더라도 내용물로 실망감을 주지는 않습니다. 수십 년간 사람들은 다시 초코파이를 찾습니다. 이처럼 꾸준히 생각나는 게 초코파이입니다. 작지만 알찬 내용으로 실망감을 주지 않는 회사, 10년 동안 꾸준히 다시 찾고 싶은 기업으로 성장한 저희는 ○○회사입니다."

비교와 공감으로 사람들의 호응을 얻었던 사례다. 보통 회사 소개로 입찰 프레젠테이션을 시작하는 경우가 많다. 우리는 이때 진부하게 설명하는 방식으로 회사 자랑과 업적을 내세우지 않고, 포카칩과 초코파이로 비유했다. 입찰에서 대기업이 항상 유리하고 중소기업은 불리하다고 생각할 수 있다. 하지만 포카칩과 초코파이를 보여주면서 소개한 오프닝 멘트는 성공으로 이어지는 계기를 마련했다.

공포를 느끼게 하라

선거 연설을 들을 때 정치인이 항상 하는 말이 있다. "지금 경기가 너무 안 좋습니다"라는 말이다. 그러면서 정치인의 선거 유세에서 이러한 경제 문제를 해결하겠다고 공약을 내세운다. 소비자를 설득해야 하는 광고에서도 종종 이 공포 기법을 사용한다. 물론 입찰 프레젠테이션에서도 사용할 수 있다. 교육 업체에 입찰한 오프닝 사례다.

"한 TV 프로그램에서 초등학생을 대상으로 장래 희망 설문조사를 한 적 있습니다. 1위가 어떤 직업이었을까요? 연예인이오? 아닙니다. 연예인은 2위입니다. 3위는 운동선수입니다. 그렇다면 1위는 무엇일까요? 바로 공무원이었습니다. 1위가 공무원이라는 사실도 충격적이지만, 절반이 넘는 학생들이 공무원을 꿈꾼다는 사실에 더 놀랐습니다. 저희는 더 많은 아이가 다양한 꿈을 꾸면 좋겠다는 마음으로 이번 제안을 준비했습니다."

이 오프닝에는 궁금증, 공감, 공포를 느끼게 하는 내용이 모두 섞여 있다.

실제로 사용한 오프닝 사례 몇 가지를 소개했다. 오프닝은 길게 할 필요가 없다. 제한된 시간 안에 제안할 내용을 보여주기도 벅차다. 자동차를 사려고 할 때 가장 먼저 보는 것은 무엇일까? 성능이나 연비 이런 부분도 중요하지만 외관을 먼저 보게 마련이다. 보기 좋은 떡이 먹기도 좋다. 짧지만 강력한 한 방! 바로 오프닝의 역할이다.

다음 주어진 상황에 맞춰 오프닝 멘트를 실제로 작성해보자.

실습

'한국 소스 세계화 홍보관'에 들어가는 입찰을 준비하는 상황이다. 우리나라 전통 장류와 소스류를 효과적으로 홍보하고 소비 욕구를 자극할 수 있어야 한다. 디자인 연출, 종합 홍보관과 개별 업체관의 콘셉트를 통일하는 것이 목표다. 그리고 목재 부스 설치로 고급스럽고 모던한 분위기를 조성하는 것이 입찰 제안의 요청이다.

이러한 제안 내용에 따라 '궁금증' '공감' '공포'를 활용한 오프닝을 만들어보자.

세계미래회의에서 앞으로 사라지게 될 경험 중 하나로 지목한 것이 있습니다. 바로 '기다림'입니다. 2030년이면 기다림이라는 단어와 경험이 사라지게 될 것이라고 예측했는데요.

책에서 이 내용을 경험한 뒤에 기다림을 소중하게 여기게 됐습니다. 모든 사람에게 기다림이라는 순간이 소중하지만 특히 발효식품에서의 기다림은 그 맛을 좌우하기 때문에 기다림이 전부라고 해도 과언이 아닐 것입니다.

이 기다림의 순간, 보통 장의 경우에는 1년 이상이 되면 맛이 들게 되고, 2~3년이 되면 맛의 깊이가 더 깊어진다고 하는데요.

이런 기다림의 미학을 느낄 수 있는 순간이 바로 2016 푸드위크 속 한국 소스 세계화 홍보관이라고 생각합니다.

- 대회 1등 오프닝(이기는PT 최현서 프레젠터)

이 광고 기억하실까요? 10여 년 전에 유행어를 만들기도 한 광고입니다. "아무도 몰라, 며느리도 몰라" 했던 그 광고예요. 며느리도 모르는 그 한국의 장맛을 저희 ○○회사가 세계에 알리도록 하겠습니다.

- 대회 2등 오프닝(이기는PT 변은경 프레젠터)

정보는
전달되고
스토리는
기억에
남는다

청중의
니즈를
살리는
네이밍이란

너 자신을 누군가에게 필요한 존재로 만들어라.
– 에머슨

요즘 소비의 트렌드는 맞춤형 제안이다. 소비자 각자가 원하는 기능이 다르고 나만을 위한 제품을 원한다. 고객사도 마찬가지다. 입찰 프레젠테이션에서 중요한 키워드 중 하나는 고객사에서 원하는 바가 무엇인지 고객의 니즈를 정확하게 파악하는 것이다. 프레젠터도 이 니즈를 잘 알고 있어야 한다. 그리고 이번 제안이 A, B, C사 모두에 하는 평범한 제안이 아니라 A사에만 하는 특별한 제안이라는 점을 부각해야 한다.

그 주제를 잡을 때는 A 회사에 대한 연구를 바탕으로 A 회사의 색이 진하게 묻어날수록 좋다. A 회사에서 쓰는 용어라든가, A 회사 다니는 사람에게는 너무나 친숙한 것들을 붙여서 주제를 네이밍한다면 '아~ 우리만을 위한 제안이구나'라고 받아들일 수 있기 때문이다.

김춘수의 '꽃'이라는 유명한 시가 있다.

"내가 그의 이름을 불러주기 전에는 다만 하나의 몸짓에 지나지 않았다. 내가 그의 이름을 불러주었을 때 그는 나에게로 와서 꽃이 되었다. 내가 그의 이름을 불러준 것처럼 나의 이 빛깔과 향기에 알맞은 누가 나의 이름을 불러다오. (중략) 우리들은 모두 무엇이 되고 싶다. 너는 나에게 나는 너에게 잊혀지지 않는 하나의 눈짓이 되고 싶다."

이름은 호칭 이상의 의미다. 네이밍은 이름을 짓는 것이지만 단순한 호칭과 지칭 이상의 의미를 지닌다. 서점에서 책을 고를 때 보통 마음에 들거나 끌리는 제목을 찾는다. 제목 때문에 팔린 책들도 많다. 다양한 물건이나 상품이 제목, 네이밍 때문에 선택되기도 하고 거절되기도 한다. 특히 입찰 프레젠테이션에서의 네이밍은 각인 효과를 지닌다. 소비자는 물건을 구입할 때 그것을 만든 기업의 이름보다 그 제품의 브랜드를 먼저 기억한다. 제품이 가진 특성과 매력을 시각적으로 극대화해 경쟁력을 강화하는 일이 더욱 중요하다.

프레젠테이션의 전체 제목과 소제목을 지을 때도 읽는 사람이 무엇을 원하는지 고민해보자. '2017년 마케팅 전략 제안'과 같은 무미건조하고 평범한 제목은 어떤가? 들어보고 싶은 마음이 생기고 흥미가 느껴지는 제목인가? 전혀 아니다. 제목에는 고객사의 목표, 바람, 생각 등을 감지하여 이곳으로 함께 가보자는 내용이 들어가 있어야 한다. 제안사가 단순히 매출 증대만을 원하는 게 아니라 더 큰 시장 점유를 원한다고 할 때 이렇게 바꾸어보면 효과가 커진다. '시장점유율 1위 탈환을 위한 전략' 혹은 '시장점유율 1위 바른기획사' 등이다.

모든 사람에게 필요한 상품이 아니라 바로 당신에게 필요하다는 점을 어필하기 위해서는 타깃이 분명한 제목을 짓도록 한다. '누구나 멋스럽게 입을 수 있는 매력적인 청바지'라고 작성한다면 불특정 다수를 위한 제목이다. 하지만 구매로의 전환을 기대하기 어렵다. 이럴 때는 '키가 작아도 수선 걱정 No! 키 150cm에 가장 예쁜 핏이 나오는 청바지'처럼 타깃 입장에서 제목을 결정하는 것이다.

네이밍에서는 호기심과 기대감이 느껴져야 한다. '귀사 홈페이지에 편리한 기능을 제안합니다'라는 제목을 보자. 듣고 싶은 호기심이 생기는가? 평이하게 느껴질 뿐이다. '방문자를 단숨에 구매자로 바꿀 수 있는 홈페이지 제작 제안'이라는 기대감이 포함된 제목이 훨씬 매력적이다. 또한 숫자를 활용한 네이밍도 좋다. '과거 24개 회사의 매출을 31% 향상시킨 비법'이란 문구를 보자. 단순히 실적이 그동안 높았다고 말하지 않는다. 숫자를 더해 신뢰를 높였다.

이기는 PT에는 키맨을 사로잡는 화법이 있다

스토리텔링
프레젠테이션의
8가지
액션 아이디어

현실이 중요한 것이 아니라 당신이 그것을 어떻게
해석하고 무엇을 하느냐가 중요한 것이다.
– 웨인 다이어

감성 스토리텔링법

감성을 건드리는 스토리텔링이 중요하다. 사람들은 결정을 내릴
때 논리와 이성으로 판단하지 않는다. 오히려 굉장히 감정적인 요
소로 결정하는 편이다. 사람들의 이야기가 핵심이다. 실제 자신의
이야기와 경험이 사람들의 마음을 가장 잘 움직인다. 대학교 기숙
사의 급식 입찰 프레젠테이션을 할 때 실제로 사용한 사례를 살펴
보려고 한다. 대학교에 막 입학한 스무 살 무렵의 경험을 기반으로

구성했다.

"제가 대학 1학년이었습니다. 서울로 올라와 학교에 다닐 때 어머니가 전화할 때마다 늘 처음에 꺼내는 이야기가 있었습니다. 무슨 말이었을까요? 바로 '밥은 먹었니?'였습니다.

혼자 공부하러 간 막내딸이 친구들과 잘 지내는지, 공부를 열심히 하는지도 물론 궁금하셨겠죠. 하지만 끼니는 거르지 않았는지, 영양가 있는 식사를 했는지가 가장 신경 쓰이고 걱정되셨을 겁니다. 아마 이 자리에 앉은 모든 분의 어머님 마음도 같을 것입니다. 저희 ○○회사는 화려한 외식이 아니라 어머니의 마음을 담아 정성스러운 집밥을 짓겠습니다."

내용을 보면 급식이 영양가 측면에서 얼마나 훌륭한지, 가격과 단가는 어떠한지는 전혀 다루지 않았다. 사람들에게 자식을 대학에 보내놓고 걱정하는 어머니의 마음이 어떠한지를 주로 이야기했다. 대학교 기숙사 식당 입찰 건이었기 때문에 기숙사 생활에서 우러난 경험이 큰 감동을 주었다.

자신의 사례로 진정성 있게

감성 스토리텔링이라고 해서 특별한 이야기가 필요한 것은 아니

이기는 PT에는 키맨을 사로잡는 화법이 있다

다. 바로 자신의 이야기, 주변 사람들의 이야기, 평범한 보통 사람들의 이야기면 충분하다. 위인이나 성공한 사람들의 사례는 오히려 거부감이 들 수도 있다. 다음 내용은 여대의 푸드코트 인테리어 프레젠테이션을 할 때 사용한 사례다. 역시 직접 경험한 스토리로 내용을 구성했다.

"여러분, 아끼는 가방 하나씩 있으시죠? 명품 백을 말씀드리는 게 아닙니다. 남자 친구가 생일 선물로 사준 가방, 어머니가 대학교에 입학했다고 사주신 가방, 혹은 내가 처음으로 아르바이트해서 산 가방처럼 누구나 아끼는 가방 하나쯤은 있으실 겁니다. 그런데 요즘 빅백이 유행이다 보니, 아끼는 가방을 들고 나와서 식사할 때 바닥에 내려놓자니 가방이 더러워질까 봐 걱정되고, 안고 먹자니 식사할 때 걸려서 불편했던 경험 누구나 있으실 겁니다. 저희가 의자 밑에 가방 보관함을 설치해서, 식사만 편안히 하실 수 있도록 해드리겠습니다."

감성 스토리텔링을 하려고 드라마에 나오는 영웅의 이야기를 꺼낼 필요가 없다. 평범한 이야기를 했을 때 가장 많은 사람의 공감을 살 수 있기 때문이다. 심사위원에게 마음을 전달하는 것이 가장 중요하다. 어떤 PT든 진심이 잘 전달된다면 심사위원은 분명 프로젝트를 발주하고 싶어 할 것이다.

문제 해결책을 제시하는 스토리텔링

또 다른 사례는 문제에 공감하고 해결책을 제시하는 부분을 보여준 것이다. 도시철도 운영과 유지 관리 업체를 선정하기 위한 PT였다. 많은 철도 운영 업체가 이번에 새롭게 들어가는 도시철도의 운영과 유지 관리를 수주하기 위해 경쟁했다. 업체의 장점을 심사위원들이 느낄 수 있도록 설명해야 한다. 당연히 담당자들과 함께 회사의 장점을 어떻게 부각할지 고민했다. 그러던 중 '자연재해'라는 돌발 상황이 발생해 대처한 경험이 있다는 사실을 발견했다. 그래서 철도 운영과 유지 관리에서 돌발 상황을 잘 해결하는 업체, 문제 해결력이 뛰어난 업체라는 점을 어필하도록 했다.

"혹시 2011년 비가 많이 와서 강남역 일대가 침수되었던 뉴스 기억하십니까?"

(이어서 실제 그날의 뉴스 화면을 30초 정도 짧게 보여준다)

"뉴습니다. 강남역을 비롯하여 서울 곳곳이 침수되고 있습니다."

(버스와 차량의 바퀴가 물에 반 이상 잠겨 있는 모습의 영상을 보여준다)

"지상이 이렇게 모두 침수되었는데 과연 지하는 어떻게 되었을까요?"

(그러면서 지하의 모습을 보여주었다. 심사위원들은 모두 집중해서 보았다. 또다시 질문을 던졌다)

"개통을 앞두고 시운전을 하는 상황이었는데 이대로 개통할 수 있었을까요?"

강남역 일대 침수 장면

지하철역 침수 장면

(질문 이후에 말을 이어나갔다)

"이러한 상황에서도 ○○ 방법을 통해 적기 개통을 완수했습니다. 바로 충분한 노하우에서 나오는 문제 해결력이 우리 회사의 가장 큰 장점입니다."

이렇게 심사위원들이 실제로 그 현장에 있는 것처럼 뉴스를 보여주었다. 바로 심각성을 느끼게 만드는 전략이다. 자연재해와 같은 돌발 상황은 언제 어디서든 벌어질 수 있으므로 유비무환, 항상 준비하는 자세가 필요하다는 사실을 상기시켰다. 그리고 위기를 겪고 문제를 해결한 경험이 큰 자산이 될 수 있다는 점을 강조한 것이다.

가상현실을 경험하게 하는 스토리텔링법

다음은 게임회사와 게임 전시회 부스 제작과 운영을 진행하는 업체를 선정하는 PT 사례다. 다양한 게임을 보유한 규모가 큰 회사였다. 게임의 종류가 상당한데 부스 하나에 어떻게 표현할지 고민하는 상황이었다. 전시회나 박람회는 많은 정보 때문에 오히려 한 곳에서 제대로 구경할 수가 없다. 정신없이 시간을 보내거나 장소를 헷갈리기도 한다. 부스가 수백 개 있을 때는 더더욱 한 곳의 회사를 제대로 기억하기 힘들다. 이때 사용한 프레젠테이션이다.

"여러분! 우리 ○○에 들어오면 또 다른 하나의 행성에 도착하는 것입니다. 입구에서 입국 심사를 하듯 패스포트를 받습니다. 그리고 세계 여행을 떠나게 됩니다. 하나의 대륙으로 여행을 떠나서 체험하고 다른 대륙으로 이동할 때 공항에서 하는 것처럼 입국 심사대를 거치게 됩니다."

이렇게 게임 하나하나 진행되는 곳을 이동하면서 대륙 간 여행을 다니는 것처럼 상상하게 했다. 새로운 행성으로 여행한다는 예시는 심사위원들이 쉽게 상상할 수 있다. 관람객은 수동적으로 부스를 구경하는 게 아니라, ○○ 부스에 들어오면 하나의 행성에 방문한 것으로 패스포트를 받는다. 다른 대륙으로 이동할 때는 또다시 패스포트에 도장을 받는다. 그렇게 6대륙을 모두 여행하면 선물을 받는 방식이었다.

누구나 꿈꾸는 세계여행. 박람회장에서만이라도 여행하듯이 즐길 수 있도록 게임 하나하나를 비유적으로 설명한 방법은 심사위원에게 매우 좋은 인상을 주었다. 결국 입찰에 성공했다. 전시회 진행 시 패스포트로 여행 다니는 모습이 잘 전달되어 프로젝트를 성공적으로 마무리할 수 있었다.

약속하는 스토리텔링

또 다른 스토리텔링 기법의 프레젠테이션은 '약속'을 담은 내용이다. 아무리 좋은 제안이라도 현실적이지 않으면 빛 좋은 개살구일 뿐. 열 마디 달콤한 말보다 하나의 진실한 예시가 더 강력한 힘을 발휘한다. 다음 사례는 대학병원에 간병인 공급을 제안하는 프레젠테이션이었다. 대학병원의 간병인은 병원의 수칙을 준수하면서 환자의 손과 발이 되어 환자의 회복을 돕는 것이 목적이다. 의사, 간호사와 병원 관계자가 심사위원으로 와 있었다.

"간혹 간병인이 환자의 빠른 회복을 돕겠다며, 뼈에는 약보다 돼지감자가 좋다더라는 얘기로 의료진을 힘들게 한 경우가 있었죠? 저희 업체의 제1 원칙은 병원의 수칙을 준수하는 것입니다. 의료진이 환자의 회복을 돕는 데 어긋나는 행동을 하지 않겠습니다."

실제 현장에서 발생하는 생생한 예시를 들자 심사위원의 얼굴에 미소가 번지는 모습을 볼 수 있었다. 당사자의 어려움에 공감하는 내용뿐 아니라 '~하겠다' 혹은 '~하지 않겠다'라는 신뢰할 만한 약속을 제시했기 때문이다.

숫자로 말하기

2022년 월드컵 개최지를 선정하는 프레젠테이션. 한국도 20년 만에 두 번째 월드컵 개최를 목표로 참가했지만 탈락했다. 연평도 포격 사건을 오프닝 멘트로 내세우며, 세계 평화에 기여할 수 있다는 제안은 무겁고 정치적이었다. 당시 외신은 한국의 프레젠테이션에 대해서 냉혹하게 평가했다. 월드컵 개최지로 경합을 벌여 미국과 한국, 일본 등을 제치고 선정된 나라는 바로 카타르! 이름도 생소한 카타르가 2022년도 월드컵 개최지로 선정됐다.

  0 : 월드컵 본선 진출 경험이 없는 나라
  51 : 섭씨 51도로 대회 기간 최고 기온이 가장 높은 나라
  113 : FIFA 랭킹 113위, 역대 개최국 중 최하위 국가
  1만1473 : 개최지 역사상 작은 면적의 국가(경기도 면적에 불과)
  92만 8635 : 개최국 중 가장 적은 인구

  숫자로 보여준 카타르의 월드컵 개최지 선정 프레젠테이션. 발표자는 바로 카타르의 '셰이카 모자 빈트 나세르 알 미스네드' 왕비였다. 실질적으로 심사위원들이 어느 정도 결정을 내린 상태에서 프레젠테이션을 듣기 때문에 큰 영향은 미치지 않을 것이라고들 했다. 하지만 카타르는 완전히 예외였다.
  사상 첫 월드컵 유치에 도전한 카타르는 마지막 프레젠테이션

누가 저 대신 프레젠테이션 좀 해주세요

카타르 월드컵
경기장 조감도

에서 최고의 시설을 약속했다. 특히 가장 큰 단점으로 지적된, 섭씨 50도가 넘는 폭염을 극복하기 위해 이미 예고했던 대로 모든 경기장 에어컨 가동이라는 초강수를 빼 들었다. 카타르월드컵유치위원회는 "에어컨이 작동하는 경기장은 축구 팬과 선수들을 뜨거운 열기로부터 보호하고 경기력에도 도움이 될 것"이라며 "모든 경기장과 훈련장, 관람석은 27도를 유지하고 모두 태양열 발전과 100% 탄소 중립을 지킬 것"이라고 말해 지지를 이끌어냈다. 후보국 중 가장 강한 인상을 주었다고 전한다. 중동 평화를 구축한다는 취지도 집행위원들의 마음을 사로잡는 데 기여했다.

숫자를 이용한 회사 소개로 눈길을 끈 또 다른 사례다. 회사 소개를 '1111'로 전달했다. 프레젠테이션에서 회사 소개가 가장 어려울 수 있다. 보통 사실(팩트) 위주로 소개해야 하니 연결성이 없이 딱딱하게 전달해야 하기 때문이다. 그래서 회사 소개는 되도록 뒤로 미루거나 최대한 간결하게 전달한다. 회사 소개를 조금 재미있게 표현할 수 없을까 고민하다가 나온 것이 숫자로 소개하는 방법이었다. 업계 1위인 회사였기 때문에 1위로 회사를 소개했다. 처음 화면에는 '1111'이라고 숫자만 보인다. 그리고 하나씩 1의 의미를 알렸다. '점유율 1위인 업체, ~가 가장 많은 1위 업체, 가장 먼저 인증을 받은 업체, ~을 하는 유일한 업체'라고 소개해보았다. 심사위원들이 지루하고 재미없다고 느끼기 쉬운 회사 소개를 재미있어하면서 인상적으로 기억해주었다.

장면을 상상하게 하는 스토리텔링

두바이 모터쇼 입찰 PT였다. 국내 기업이 두바이에서 진행되는 모터쇼에 참여하는데 어떻게 모터쇼를 표현하고 운영할지 프레젠테이션하는 자리였다. ○○자동차 회사와 두바이에서 진행되는 모터쇼의 모습이 자연스럽게 어우러져 두바이 현지에 ○○자동차 브랜드 가치를 높여야 하는 상황이다. 여러분이라면 어떻게 표현하겠는가? 심사위원은 ○○자동차 회사 임직원들이다.

그래서 먼저 두바이를 느끼도록 했다. 두바이 하면 떠오르는 것을 사진으로 먼저 보여줬다. 작은 포구에서 혁신을 디자인한 도시국가인 두바이의 모습 중 화려한 건물, 바람이 만들어낸 사막의 아름다운 곡선, 그리고 도심을 흐르는 두바이 강의 모습을 그대로 전시장의 디자인으로 옮겼다.

모터쇼 ○○자동차 전시장에 들어온 관람객들이 두바이의 아름다운 풍경과 ○○자동차가 잘 어우러져 있는 장면을 보고 두바이에서 ○○자동차가 달리는 모습을 상상하도록 만들었다. 거기에다 바닥에는 카펫을 깔아서, 카펫이 유명한 두바이를 그대로 느낄 수 있게 했다. 두바이와 전시장을 비교하면서 결국은 ○○자동차가 두바이와 함께한다는 사실을 자연스럽게 알리는 발표였다.

이기는 PT에는 키맨을 사로잡는 화법이 있다

직접 시연하는 스토리텔링

농구 구단에서 1년간 진행하는 행사의 모든 것을 대행하는 업체를 선정하는 PT였다. 스포츠 경기를 현장에서 본 적이 있다면 알 것이다. 경기 중간중간 열리는 이벤트는 늘 특별한 것 없이 비슷한 방법으로 진행된다. 구단에서는 고민한다. 어떻게 하면 더 많은 관중이 오게 할 수 있을까? 그리고 어떻게 하면 그 관중이 더 즐거운 시간을 보내서 다시 오고 싶게 만들 수 있을까?

TV, 세탁기, 냉장고 등 큰 선물을 주는 행사를 할 때 관중은 혹시라도 내가 되면 좋겠다고 기대한다. 그러나 나와는 상관없는 방법으로 결정되곤 한다. 장내 아나운서가 춤 잘 추는 사람 일어나라고 해서 댄스 대결을 진행할 때가 있다. 선물을 받고 싶지만 그냥 구경할 수밖에 없어서 불공평하다는 생각을 하는 관중이 생긴다. 이처럼 경기 중간중간 진행되는 이벤트는 모든 관중을 만족시키기 어렵고 식상했다. 그래서 이번 PT에는 색다른 프로그램을 제안했다.

관중의 스마트폰과 대형 스크린을 연결해, 관중이 스마트폰의 버튼을 누르면 스크린에 신호가 들어가는 방식으로 양방향 커뮤니케이션이 가능한 프로그램이었다. 말로만 들으면 무슨 뜻인지 이해하기 어렵다. 이 책을 읽고 있는 독자 또한 마찬가지일 것이다. 그나마 여러분은 이해하려고 노력하지만 심사위원은 이해하려고 크게 노력하지 않는다는 것이 차이점이다. 그럴 때는 단순하게

누가 저 대신 프레젠테이션 좀 해주세요

직접 느끼도록 해주는 부분이 중요하다.

그래서 발표 전 스마트폰을 미리 준비했다. 사전에 심사위원의 인원을 파악하고, 인터넷이 안 될 수 있으므로 한 대의 스마트폰에 테더링을 걸어 스마트폰 5대를 연결했다. 그리고 들어가서 발표 중간에 동료들에게 사인을 주고 설명했다.

"자, 그럼 여러분이 구장으로 들어온 관중이라고 상상해보시기 바랍니다. 그리고 어플을 설치하라는 장내 아나운서의 이야기를 듣고 다 같이 어플을 설치합니다. 시간 관계상 여러분이 설치했다고 가정하고 저희 휴대폰을 나눠드리겠습니다. 이제 제가 하나, 둘, 셋 하면 여러분은 스마트폰 화면에 보이는 빨간색 버튼을 눌러주시면 됩니다."

이 순간 심사위원들은 모두 스마트폰에 집중했고 거의 동시에 버튼을 눌렀다. 그 순간 화면에 누른 순서대로 이름이 나타났다. 심사위원들은 서로 언제 눌렀는지 물어보며 놀라는 눈치였다.

"자, 그럼 여러분, 오늘 출전하는 선수들에게 응원 메시지를 보내볼까요? 가장 힘 나는 응원을 해준 분에게는 선물을 드리겠습니다. 흰색 창이 뜨면 터치해주세요. 자판이 올라왔죠? 거기에 내가 좋아하는 선수에게 보내는 응원 메시지를 써주시면 됩니다."

이렇게 말한 후 글을 쓰게 했다. 그리고 화면에 메시지가 구름

이기는 PT에는 키맨을 사로잡는 화법이 있다

처럼 둥둥 떠다니기 시작했고, 하나를 클릭해서 읽어보고 준비된 선물을 직접 드렸다. 현장에서 이벤트가 이렇게 진행된다는 사실을 말로만 설명하는 게 아니라 직접 시연하면, 이해하려고 에너지를 많이 쓰지 않는 심사위원들은 귀로 듣는 게 아니라 몸으로 느끼며 기억한다. 이 PT 역시 그렇게 시연한 부분에서 좋은 점수를 얻어 수주에 성공했고, 구장에서도 이 프로그램을 통해 관중과 소통하는 이벤트로 이어갔다.

이와 같이 시연한 프레젠테이션이 하나 더 있다. '스마트 교육 애플리케이션' 관련 PT였다. 옛말에 백문이 불여일견, '백 번 듣는 것보다 한 번 보는 것이 낫다'라는 말이 있다. 특히 애플리케이션처럼 어려운 분야는 아무리 잘 설명해도 쉽게 이해하기 힘든 게 사실이다. 프레젠터로 나선 우리도 설명만 들었을 때보다 직접 사용해보았을 때 훨씬 잘 이해했다. 프레젠테이션에서도 교육 애플리케이션을 시연해보기로 했다.

한 명이 쭉 시연해도 되지만 최대한 실제 사용할 때의 느낌을 받을 수 있도록 둘이 역할을 분담하여 시연하기로 했다. 한 명은 선생님 역할, 한 명은 학생 역할을 맡아 학생이 애플리케이션을 이용하는 상황을 연출해서 선보였다. 설명만 할 때보다 훨씬 더 몰입도가 올라갔다.

이런 시연을 하는 것은 확실히 효과가 있다. 다만 주의할 점이 있다. 시연의 힘이 강력한 만큼 완벽하게 진행되어야 한다. 갑자기 연결이 안 된다거나 맥이 끊기거나 작동이 안 되는 상황이 발생하

누가 저 대신 프레젠테이션 좀 해주세요

지 않도록 시뮬레이션을 여러 번 해야 한다. 대충 '가서 하면 되겠지'라는 안일한 생각으로 임한다면 안 하느니만 못한 결과를 초래할 수 있다. 실제로 애플리케이션 개발자였던 대표님이 '대충 하면 되지 않느냐'고 말한 적 있다. 하지만 대충 했을 때 얼마나 신뢰도가 떨어지는지 보여드리고 이 부분을 거듭 강조했다. 시연은 무엇보다도 물 흐르듯 자연스러워야 한다. 매끄럽고 막힘없이!

정리해보자. 스토리텔링은 기본적으로 궁금증을 느끼게 하고, 공감을 불러일으키며, 공포를 조성해야 한다. 오프닝 멘트에서 소개한 '3ㄱ' 공감, 궁금증, 공포 3가지 방식을 눈여겨보자. 단, 여기서 '공포'란 두려움에 떨게 하는 것이 아니라 후회와 걱정이라고 할 수 있다. 입찰 프레젠테이션에서 스토리텔링을 어떻게 활용할 수 있는지 살펴보자.

누군가를 설득하는 데 이성도 중요하지만 감성이 차지하는 부분이 더 크다. 체계적인 내용 구성과 정확한 정보 전달은 누구나 준비할 수 있으나 감성적인 부분에 어필하기란 쉽지 않다. 예를 들어 보험사 중에서 이렇게 홍보하는 곳이 있다. "고객님의 노후를 위해 최고의 상품을 준비했습니다." 이런 말에 쉽사리 마음을 열 사람이 얼마나 있겠는가?

M 보험사는 완전히 다른 방식으로 스토리텔링을 했다. "걱정 주세요, 걱정 주세요, 우리가 걱정을 대신해드립니다"라고 말이다.

이기는 PT에는 키맨을 사로잡는 화법이 있다

과테말라의 전래동화에 나오는 걱정 인형을 사용한 스토리텔링 방식이었다. 과테말라에는 '걱정 인형에게 이야기하고 잠들면 걱정 인형이 대신 걱정을 가지고 간다'고 믿는 풍습이 있다. 뻔한 광고 문구에 질렸던 사람들은 호기심을 갖게 되었다. 보험에 가입하라, 상품을 사라는 것이 아니라 당신의 걱정을 걱정 인형에게 주라는 내용은 신선했다. "걱정 주세요"라는 스토리텔링은 확실한 차별화 전략이었다. 걱정 인형 광고는 M 보험사의 실적 향상 및 매출 증대로 이어졌다.

사람의 좌뇌는 논리를 담당하고 우뇌는 감성적 사고를 담당한다. 좌뇌는 현실 가능성, 숫자, 손익 등을 생각하고 우뇌는 공감, 동요, 기분 등을 관장한다. 문제는 논리적인 역할을 담당하는 좌뇌의 기억은 오래가지 않고 감성을 담당하는 우뇌의 기억이 오래간다는 것이다. 기억을 좌우하는 감성적인 우뇌의 영역을 자극해야 한다. 감성 스토리텔링을 위해 다양한 방법을 사용할 수 있다.

비교, 예시, 비유, 위기, 극복, 숫자, 연결, 수사….

이는 바로 모든 문학과 예술에서 사용하는 기법이기도 하다. 감성은 무엇보다도 '사람'의 이야기가 핵심이다. 실제 사람들의 이야기, 나의 경험이 사람들의 마음을 가장 잘 움직인다.

실습

자동차 입찰 PT 상황
- 목적: 택시회사 자동차 구입을 위한 경쟁 PT

- 청중: 택시회사 임원, 노조 위원회(50~60대 남성) 10명 내외
- 장소: 택시회사 대회의실(ㄷ자 테이블)
- 요구 사항: 중형 승용차 50대
- 제안 내용: 핸들 열선, 냉풍 시트, 뒷좌석 열선, 경쟁사보다 좋은 연비, 안전도 테스트 1위

이러한 제안 내용에 따라 스토리텔링을 활용해 실습해보자.

이기는 PT에는 키맨을 사로잡는 화법이 있다

말하기의
마법 3

영화 〈스파이더맨〉에서 주인공 피터 파커는 우연히 박물관에서 슈퍼 거미에게 물려 초자연적인 힘을 갖게 된다. 자신에게 힘이 생긴 것을 알고 돈 버는 일에 남용하다, 삼촌의 죽음을 계기로 좋은 곳에 쓰기로 결심한다. 때마침 악당 노먼 오스본 박사와 피할 수 없는 대결을 벌이고 세상을 구한다.

이처럼 영웅을 다루는 영화, 신화, 드라마, 옛날이야기는 3의 구조를 취한다. 탄생과 떠남 이후의 모험, 귀환으로 이어진다. 전래되는 옛이야기는 대부분 3의 구조다. '춘향전'과 '심청전' '별주부전' '장화홍련' 모두 3의 구조다. 오래된 이야기는 3의 구조를 취하면서 자연스럽게 사람들의 기억에 오래오래 남는다. 전달하기 쉽고 기억하기도 쉬운 것이 3의 구조이기 때문이다.

노구치 요시아키는 《3의 마법》(김윤수 역, 다산라이프, 2009)에서 "프레젠테이션을 해야 할 때, 요점을 세 가지로 정리해서 전달합니다.

'3'을 기본으로 해서 정리하면 상대방에게 전달이 잘됩니다"라고 말한다. 장황하면 무슨 말인지 도무지 알 수 없다. 간결하고 알기 쉽게 표현하는 것은 프레젠테이션의 기본이다.

　명료함에 관한 또 하나의 일화가 있다. 미국의 소설가 마크 트웨인이 겪은 일이다. 일요일 아침 교회에서 목사의 설교를 듣고 있었다. 그날따라 설교가 아주 재미있다고 생각한 그는 헌금 상자에 10달러를 넣으리라고 마음먹었다. 그런데 목사의 말이 점점 길어지더니 계속 기다려도 말을 끝낼 것 같지 않은 분위기가 되자 슬그머니 짜증이 났다. 그래서 마크 트웨인은 헌금 상자에 넣을 돈을 10달러에서 2달러로 줄이고 말았다. 목사의 장광설은 계속되었다. 결국 몇 시간 후 헌금 상자가 그에게 돌아왔을 땐 화가 나서 2달러마저 내지 않았다고 한다. 좋은 말도 길어지면 잔소리가 되고 지겨운 말이 된다는 뜻이다.

　프레젠테이션에서도 마찬가지다. 건강하게 사는 방법은 무수히 많다. 하지만 내가 가장 중요하게 생각하는 것은 규칙적인 식사, 운동, 수면이다. 10~15분 발표에서 이 세 가지만 명확하게 전달해도 성공적인 발표라고 할 수 있다. 발표에 임할 때 다른 내용은 몰라도 이 세 가지는 기억에 남도록 해야겠다는 각오로 임하는 것이 좋다.

　보통 10분 프레젠테이션을 한다고 할 때, 상황에 따라 다르지만 서론과 결론을 1분 내외로 구성한다. 서론에서는 간단한 인사말과 발표자 소개를 하고, 앞으로 전개할 내용을 암시해서 흥미를 유발

한다. 본론에서는 논리적인 핵심 메시지를 3가지 정도 말한다. 마지막 결론은 요약과 강조, 결정을 내릴 수 있는 클로징으로 맺는다.

우선 어떻게 전체적인 '내용'을 나눠야 하는지부터 고민해야 한다. 프레젠테이션할 시간에 따른 분량 나누기가 요구된다.

서론

1) 간단한 인사말과 발표자 소개
2) 흥미 유발 오프닝, 핵심 내용 사전 제시

서론은 프레젠테이션의 꽃이라고 불릴 만큼 가장 중요한 부분이다. 청중의 관심을 끄는 오프닝을 통해 1분 안에 청중의 시선을 사로잡아야 한다. 또한 서론은 본론의 핵심 내용을 미리 알리는 역할을 담당한다.

check point

- 관심을 끄는 오프닝인가?
- 심사위원은 내 말을 들을 이유가 있는가?
- 핵심 주제나 방향을 말했는가?
- 라포르를 형성했는가?

본론

1) 논리적인 내용과 핵심 메시지 3가지 소개

2) 이유와 근거를 조목조목 제시

3) 핵심 메시지 + 풀어서 설명하기

시간이 가장 많이 배분되는 본론은 '하나의 핵심 메시지'를 전달하는 것이 목적이다. 이 메시지를 통으로 설명하면 기억하기 쉽지 않으니 '현황-원인-결과', '핵심1-핵심2-핵심3', '배경-사업 내용-예상 결말' 등 3의 구조로 본론을 구성한다.

check point

- 하나의 핵심 메시지가 명료한가?
- 주장에 대한 근거와 자료가 충분한가?
- 발표 내용이 해당 업체에 유익한가?

결론

1) 핵심 내용의 요약

2) 유익함과 선택 이유 제시

3) 감성적인 마무리와 질의응답

결론은 다시 한 번 간단명료하게 요약하고, 감성을 자극하는 클로징이라 할 수 있다. 발표자가 한 명이 아니라 여럿이면 심사위원이 모두 기억하기 쉽지 않다. 한 사람의 발표 내용도 기억하기 어려운데 여러 업체의 내용을 기억할 수는 없다. 자신이 원하는 내용만 선택해서 기억하기도 한다. 발표자는 핵심 한 가지를 분명하게 제시하도록 한다. '원 포인트'가 제시되는 결말이어야 한다. 또한 발표 후 심사위원이 어떤 선택을 해야 하는지까지 제시해주는 것이 좋다. 선택에 따른 이점이나 혜택이 크다는 점을 알려야 한다.

check point
- 청중이 꼭 기억해야 할 것을 정리했는가?
- 청중이 결정 내려야 할 부분을 말해주었는가?
- 청중이 꼭 선택해야 하는 이유를 제시했는가?

'설득을 이끌어내는 매직 넘버 3'을 기억하자. 서론-본론-결론의 3단 구성은 말하기의 변함없는 진리다. 생각의 흐름과 인식, 이해의 과정에서 자연스러운 구조로 정립되었다. 흥미와 관심을 유발하는 서론, 내용을 체계적으로 설명하는 본론, 깔끔하게 마무리하는 결론을 만들어내자.

단, 내용이 많아진다면 생략하는 방법도 전략이다. 청중에게 전달하고자 하는 내용이 너무 많은 경우, 전체 맥락에서 중요하지 않은 설명에 집착하다가 중요한 메시지를 희석할 수 있다. 중요도가 떨어지는 부분은 과감하게 생략하는 용기도 필요하다. 또한 경쟁 프레젠테이션에서는 키워드를 먼저 보여주고 설명을 하는 방식, 바로 두괄식을 사용한다. 여유 있게 듣고 앉아 있을 만큼 한가한 사람들이 없다고 생각해야 한다. 나의 이야기를 잘 들어주는 사람들은 없다. 빙빙 돌려 말하기나 비유하기보다는 직설적인 강조가 효과적이다.

"핵심을 살리려면 덜 중요한 것들을 제거해야 한다. 디자이너들은 숨기고 감추는 미학을 유지해야 한다. 모든 것을 다 보여주려고 하면 결국 모든 것을 잃고 말기 때문이다."

일본식 정원의 대부 코이치 가와나 박사가 한 말이다. 많은 내용 중에서 취사 선별하여 덜 중요한 것들을 제거하면서 단순, 심플, 명료함을 유지해야 한다. 단 하나의 '핵심'을 자꾸 상기시키자.

이기는 PT에는 키맨을 사로잡는 화법이 있다

스토리에
스며드는
브리지

삶이 뭐라고 생각해요?
선택의 순간들을 모아두면 그게 삶이고 인생이 되는
거예요.
매 순간 어떤 선택을 하느냐, 결국 그게 삶의 질을
결정짓는 거 아니겠어요?
– 드라마 〈미생〉 중

직장인들의 애환을 그린 웹툰을 원작으로 한 드라마 〈미생〉은 몇
년 전 큰 인기를 끌었다. 드라마에서 신입사원 장그래가 프레젠테
이션 연습을 하는 장면이 나온다. 중요한 파트너를 설득하는 프레
젠테이션. 어떻게 해야 상대방의 마음을 움직일 수 있을까? 장그
래가 홀로 사무실에 남아 프레젠테이션을 연습하는데 오 과장이
멀찍이서 쳐다보다가 걸어 들어와 하는 말. "그래, 부족해. 무조건

누가 저 대신 프레젠테이션 좀 해주세요

중요하다고 들이대는 것 같잖아. 설득력이 떨어져."

　사랑하는 사람에게 "사랑해"라고 말하는 순간, 사랑이 식어버리는 이치와도 같은 것일까? 중요하다고 반복적으로 강조해도 사람들은 중요하다고 느끼지 않는다. 처음에 장그래의 프레젠테이션은 듣기 힘들 정도였다. 내용이 매끄럽게 이어지지 않고 툭툭 끊기는 느낌이 들었고, 일상적인 용어를 남발했으며, 각 슬라이드가 연결되지 않고 전체 내용이 제시되지 않았다. 청중을 장악하기는커녕, 도저히 들을 수 없다는 피드백을 들으며 무대에서 내려와야 했다. 최악의 프레젠테이션이 무엇인지 여실히 보여준 게 아닐까?

　최악의 프레젠테이션을 벗어나기 위해서, 파워포인트의 장과 장 사이를 자연스럽게 연결하기 위해서는 무엇보다도 '슬라이드 간 브리지 멘트'를 적절히 활용해야 한다. 브리지(bridge)는 '다리' '교량'의 뜻으로, 이어주는 연결어를 브리지 멘트라 한다. 브리지 멘트의 몇 가지 방법을 알아보자.

이야기의 흐름 언급하기

앞으로 전개될 내용이 무엇인지 잠깐 언급한 다음 발표를 이어간다. 듣는 사람들이 마음의 준비를 할 수 있다. 어떤 내용이 진행될지 어느 정도 예측할 수 있게 되므로 편안하게 들을 수 있다.

"지금까지 이 사업의 특징을 살펴보았습니다. 이번에는 문제의 대안을 짚어보겠습니다."

요약 후 전개하기

브리지 멘트로 중간중간 요약을 해주는 것이 효과적이다. 기억을 높여주는 방법으로 반복 효과를 거둘 수 있다. 처음에 한 말을 오랫동안 기억하기 힘들기 때문에, 프레젠터가 정리해서 말해준다면 듣는 사람도 계속 머릿속에 구조화하여 듣게 된다.

"지금까지 말씀드린 것을 세 가지 키워드로 정리하면 혁신, 공감, 경청입니다! 바로 저희 사업의 특징이기도 한 점을 강조했습니다. 그러면 앞으로 예상되는 문제점도 짚어보겠습니다."

수사적 질문 기법 활용하기

동의나 반응을 구하는 질문으로 청중이 발표자와 함께 호흡하고 있다는 느낌을 주도록 한다. 질문을 하되 2~3초 정도의 여유를 두는 게 중요하다. 또한 스스로 답할 수 있는 내용을 머릿속에 담아야 한다. 심사위원들은 대체로 질문에 답을 하지 않기 때문이다.

웃음 띤 얼굴로 분위기를 장악해나가는 여유로움이 질문에서 묻어나야 한다.

"여러분, 동의하시나요?"
"지금까지 말씀드린 내용 중 반복적인 키워드는 바로 '재미'였습니다. 기억하시죠?"

또한 이러한 수사적 질문을 할 때 멀리 앉아 있는 사람을 바라보기보다는 앞쪽에 앉은 사람 중에서 반응을 보이는 사람, 호의적인 표정을 보이는 사람을 택해 질문하는 게 좋다. 적대적인 얼굴로 찡그리거나 표정이 안 좋아 보이는 사람은 제대로 경청하지 않을 수 있다. 비판적인 사람일 가능성도 높다.

대구법 활용하기

문법 구성이 같고 서로 대응하는 말의 구조를 대구법이라고 한다. "옳은 결정을 내린 옳은 판단력. 바로 여러분의 몫입니다" 혹은 "바른 먹거리를 위한 바른 생각은 지금부터 시작입니다"처럼 같은 문장을 반복적으로 활용하여 머리에 쏙쏙 박히도록 만들자.

"낮말은 새가 듣고, 밤말은 쥐가 듣는다고 합니다."

"범은 죽어서 가죽을 남기고, 사람은 죽어서 이름을 남긴다고 하죠."

"이성은 투명하되 얼음과 같으며, 지혜는 날카로우나 갑 속에 든 칼이라고 했습니다."

"카이사르의 것은 카이사르에게, 신의 것은 신에게 돌려주라는 말이 있습니다."

핵심 키워드 반복하기

반복은 듣는 이들의 기억력을 높인다. 다음에서도 '가족'이라는 키워드를 세 번 반복함으로써 각인하는 효과가 나타난다. 하지만 지나친 반복은 역시 독이 될 수 있다. 한 문장을 말하는데 세 번 이상 반복되면 지나치다는 느낌이 든다.

"이번 사업의 핵심은 '가족'입니다. '가족'의 친근하고 따스한 이미지로 다가가겠습니다. 사업에서 '가족'의 느낌을 어떻게 구현할 수 있는지 설명하도록 하겠습니다."

장과 장 사이를 연결해주는 브리지 멘트는 청중과 교감을 더하는 시간이라고 생각하자. 딱딱하고 지루한 설명만 연속적으로 하면 급속하게 피곤해진다. 또한 앞에서 말한 것을 기억하지 못하게 된다. 적절하게 반복하고, 정리하고, 요약하면서 다음에 전개할 이야기로 자연스럽게 넘어가는 요령. 브리지 멘트까지 모두 암기할 필요는 없다. 슬라이드 한쪽 귀퉁이에 자신만 알아볼 수 있는 표시로 단어를 적어놓고 연결해보자. 브리지 멘트를 하면서 목소리 톤이나 자세 등에 약간 변화를 주어 청중에게 잠깐의 휴식을 갖게 하는 것도 좋다.

발표할 내용을 3~5번 정도 무대에서 연습하면서 '다음 장'으로 연결하는 브리지 멘트를 자연스럽게 말해보자. 듣는 이가 발표 내용을 들으면서 끊임없이 자신에게 유리한 점이 무엇인지 고민하도록 해야 한다. 사업을 선택하지 않더라도 프레젠테이션 내용을 듣는 것만으로도 상대방에게 유익한 점이 무엇인지까지 구상해보자.

쉽게
설명한다는 건
깊게
생각한다는 것

뺄수록 깊어지는
클로징

시험 보기 전날을 기억해보자. 밤을 새워서 공부하면서 최선을 다하려고 노력한다. 발등에 불이 떨어져 커피를 마시고 졸린 눈을 비벼가면서 공부한다. 그런데 막상 결과가 좋지 않다. 오히려 적당히 공부하고 밤에 잠을 잘 잔 친구가 성적이 좋을 때가 있다. 시험 전날 밤새워서 공부하는 것은 효과가 별로 없다. 밤샘 공부에 대한 연구가 있다. 2007년 미국 세인트로렌스대 심리학과의 파멜라 태처 교수는 수면 패턴과 학점 사이의 상관관계를 연구했다. 많은 학생이 밤샘 공부를 하지만, 전반적인 학업 잠재력을 떨어뜨린다고 지적했다. 불규칙한 수면, 커피와 같은 카페인 음료 남용, 밤샘 공부는 학업 성취도를 낮춘다. 수면이 부족한 상태는 기억 손상과 집중력 결핍을 가져온다.

경쟁 프레젠테이션은 시험과 마찬가지다. 발표일이 다가올수록 초조해진다. 초조한 긴장감이 극에 달한다. 두 명의 프레젠터가 있

이기는 PT에는 키맨을 사로잡는 화법이 있다

다. A팀의 김 대리는 초조해하면서 밤새 자료를 만들고 연습했다. 당일 아침까지 자료를 계속 수정하고 있다. 자료 준비를 하느라 내용을 제대로 숙지하지 못한 상태다. 컨디션은 꽝이다.

반면 B팀의 박 대리는 여유롭게 확정된 자료를 보면서 더 이상 내용을 수정하지 않고 핵심만 숙지하기로 했다. 자료만 놓고 보자면 A팀 김 대리의 제안서가 완벽했다. 충실한 자료여서 그 자체로 훌륭했다. 완벽주의의 꼼꼼한 성향을 발휘한 A팀의 김 대리는 좋은 성과를 거두었을까? 핵심 내용만 숙지하고 발표 준비에 컨디션 조절을 잘했던 B팀의 박 대리가 성공했을까?

제안서는 A팀이 100점짜리였지만, 발표 준비를 소홀히 하고 밤새워 자료를 만드느라 고역을 치른 김 대리는 발표 당일에 실력 발휘를 절반밖에 못했다. 완벽을 기해 만든 자료가 심사위원에게 잘 전달되지 않았다. B팀의 제안서는 A팀보다 부족한 제안서였다. 하지만 박 대리는 제안서 자체에 심혈을 기울이기보다는 최종 준비된 것으로 여유 있게 연습했다. 80점짜리 제안서일지라도 실력 발휘를 90% 했다. 결국 B팀이 승리했다.

밤새워 수정하고 제안서를 훌륭하게 만들었던 A팀은 끊임없이 '더하기'를 했다. 더 많은 것들을 전달하기 위해서였다. 하지만 B팀은 과감하게 '빼기'를 했다. 하나라도 더 채우기보다는 부족하게 '빼기'를 선택했다. 꼭 필요한 게 아니면 과감하게 생략하고, 핵심에만 집중했다.

커트 모텐슨은 《설득의 힘》(김정혜 역, 황금부엉이, 2006)에서 "성인

누가 저 대신 프레젠테이션 좀 해주세요

들의 주의력 지속 시간은 약 18분에 불과하다. 그마저 지난 10년 동안 점차 감소했다"고 말한다. 성인도 어린이들처럼 하나에 집중하는 시간은 길지 않다. 10~20분의 정해진 시간 안에 한 가지 내용만 확실히 전달해도 성공한 프레젠테이션이다. 청중의 관심도가 떨어지는 부분은 과감하게 생략하고 차별화된 포인트, 청중이 궁금해하는 부분만 집중적으로 부각하는 '선택과 집중'이 필요하다. 모든 내용을 전달하는 것은 옳지 않다. 듣는 이들도 소화가 되지 않는다.

"항공사들은 한 번에 하나의 소식만 대조하여 전달한다. 그들은 먼저 비행기의 출발이 약간 지연되고 있다고 말할 것이다. 그러면서 몇 분 안에 출발 준비가 완료될 것이라고 덧붙인다. 잠시 후, 모든 것이 순조롭긴 하지만 만에 하나라도 승객의 안전에 위협이 있어서는 안 되므로 부품을 교환하려 한다는 안내 방송이 나온다. 그들은 부품 교환이 끝나 이륙할 준비가 되는 대로 알려주겠노라고 안내방송을 한다. 그다음에 들려오는 안내방송은, 자신들은 최종 점검을 앞두고 있으며 곧 이륙할 것이라는 내용이다. 이처럼 서로 연관된 각각의 안내방송들은, 가령 항공사 측에서 다짜고짜 2시간 지연될 것이라고 노골적으로 말할 때보다 승객들이 더욱 침착하고 더욱 편안한 마음으로 기다릴 수 있도록 한다."《설득의 힘》, p.260)

이처럼 사람들은 한 번에 한 가지만 기억한다. 여러 가지 사실

이기는 PT에는 키맨을 사로잡는 화법이 있다

을 동시에 전달하면 효과가 떨어진다. 복잡한 현상일수록 이해하기 어려우므로 혼란을 주어서는 안 된다. '한 번에 하나의 소식'만 전달하는 기법을 사용하자. 프레젠테이션의 모든 내용이 다 중요한 것은 아니다. 중요도가 낮은 것들은 적당히 넘어갈 수도 있다. 오케스트라 곡에서 포르티시모(매우 세게)의 연주가 가능해지려면 피아니시모(매우 여리게)가 잘 연주되어야 한다. 여리고 약함이 자연스럽게 표현될 때 강하고 센 소리가 확연히 강조될 수 있다.

스피치를 하는 프레젠터의 능력은 스피치 준비 과정에서도 발휘된다. 완벽한 제안서를 만들려고 밤새우고 야근하면서 고군분투하는 일보다 중요한 것은? 바로 불필요한 내용을 과감히 생략하는 '빼기'의 자세다. 말하기에서는 더하기보다 빼기가 중요하다는 사실, 잊지 말자! 포르티시모의 감동은 피아니시모에서 나온다. 중요한 내용은 한 번에 하나씩 전달하기. 모든 중요한 내용을 한꺼번에 쏟아내는 태도는 버리자.

뇌에 과부하가 걸릴 만큼 머릿속에 집어넣는 것은 자신에게도 고통스럽다. 자연히 듣는 사람들도 부담을 느끼게 된다. 무엇보다도 프레젠테이션 당일까지 컨디션을 잘 유지하도록 시간을 적절히 분배하면서 연습하는 융통성이 있어야 한다. 편안하고 여유 있는 스피치는 자연히 듣는 사람에게 '편안하고 여유 있는' 느낌을 전달한다. 경쟁 PT는 논리로 전달해야 하는 영역일지라도 말은 분명 '느낌의 영역'이다. 듣는 사람 역시 '사람'이다.

머리에 남길 것인가
가슴에 남길 것인가

영화의 클라이맥스나 하이라이트는 도입부에 존재하는가? 그렇지 않다. 대부분 영화의 후반부가 클라이맥스, 하이라이트라고 할 수 있다. 얼마 전에 본 영화의 한 장면이 머릿속에 계속 남았다. 여성 인권을 다룬 이 영화 〈서프러제트〉는 1910년대 영국의 여성 노동자들이 투표권을 쟁취하는 과정을 그려냈다. 세탁공장 직공이었던 평범한 여성 주인공이 여성들의 정신을 일깨우는 용기를 내기까지 변화해가는 모습을 담고 있다. 행복한 결말뿐 아니라 불행한 마지막이라고 할지라도 청중에게 여운을 남긴다. 생각할 여지를 주면서 말이다.

영화의 엔딩과 같은 프레젠테이션 클로징을 어떻게 만들까? 마무리는 역시 지식보다 감동이다. 정보를 제시하기보다 마음을 움직이는 것이다. 처음부터 클라이맥스의 멋진 장면이 반복적으로 나온다면 감동이 떨어진다. 멋지고 소중한 것일수록 아껴두는 지혜도 필요하다. 오프닝이나 본론 못지않게 마무리도 중요하다. 클로징 타임은 프레젠터에게 가장 중요한 시간이다. 결정을 이루어내는 선택권을 제시하는 지점이다. 심사위원이 가장 생생히 기억하는 부분이 마지막, 클로징이다. 평가하는 시점을 기준으로 가장 최근의 시간대이기 때문이다. 따라서 특별히 세심한 구성과 연출로 마무리해야 한다.

클로징을 시작할 때는 '이제 마무리할 시간이 되었음'을 암시하고 마지막까지 경청을 유도한다. 시간이 얼마 남지 않았기 때문에 지금까지 건성으로 들었던 심사위원이라도 끝부분에서는 충분히 집중력을 발휘할 수 있다.

마음을 두드리세요

프레젠테이션은 영화다. 잘 쓰인 각본과 잘 짜인 연출, 뛰어난 연기자를 통해 감동을 더해가는 영화와 흡사하다. 영화는 배우 한 사람의 역량으로 성공하지 않는다. 감독, 연출, 카메라, 편집, 음악, 스태프, 조연 등 각자의 역할을 충실히 해내야 한다. 천만 관객의 영화는 누구 한 사람의 힘으로 만들어지지 않는다. 입찰 프레젠테이션 역시 마찬가지. 결국은 이 모두가 하나로 어우러지는 '쇼'라고 할 수 있다. 그 쇼의 연출자가 우리 회사, 우리 팀이고, 주연 배우는 프레젠터인 바로 '나'다. 슬라이드는 대본이고, 다양한 프레젠테이션 스킬은 연출자 역할이다. 지루하고 딱딱한 설명회가 아닌, 감동적이고 흥미로운 한 편의 영화와 같은 프레젠테이션은 계산된 대사와 연출이 필요하다.

여러분이 여러 편의 영화를 동시에 봤다고 생각해보자. 그중 한 편만 뽑아야 한다면 어떤 영화를 선택할 것인가? 마음을 두드린 영화를 선택할 것이다. 내용도 좋아야 하지만 마무리의 여운을 어떻게 남기는지도 중요하다. 마지막에 여운이 남는다면 그 여운을 주변 사람에게 다시 이야기하며 자연스럽게 영화를 홍보할 것이다.

입찰 PT도 그렇다. 내용도 좋아야 하지만 마지막에 어떻게 여운을 남겨 우리를 심사위원들에게 기억하게 할 것인지도 중요하다. 실제 입찰 PT에서 우리 팀을 회사 이름이 아닌, 클로징 멘트에서 말한 동물 이름으로 기억하는 경우가 있었다. 경쟁사를 모두 분석한 결과, 우리가 가장 작은 규모의 회사였기에 심사위원이 점수를 낮게 줄 가능성이 높다고 판단했다. 그래서 마지막에 이렇게 말했다.

"마지막으로 사진 한 장을 보여드리겠습니다. 혹시 〈동물의 왕국〉을 좋아하시나요? 가장 시청률이 높은 장면이 바로 사냥하는 모습입니다. 그런데 육식동물이 초식동물을 잡아먹을 확률이 얼마나 될까요? (포즈) 약 25%에 불과하다고 합니다. 4번 시도해서 그중 1번 정도 성공한다는 것이죠. 육식동물이 더 빠른 경우가 많은데도 말입니다. 둘 다 열심히 달리고 있는 것 같지만 마음은 다를 것입니다. 뒤에 있는 치타는 한 끼 식사를 하기 위해서 달리고, 앞에 있는 가젤은 목숨을

이기는 PT에는 키맨을 사로잡는 화법이 있다

치타가 가젤을 사냥하는 장면

걸고 달립니다. 심사위원 여러분, 저희는 오늘 참여한 업체 중 가장 작은 회사입니다. 하지만 저희는 이곳에 치타의 마음으로 참여하지 않았습니다. 한 끼 식사를 하기 위해서 이 입찰에 참여한 것이 아니라 앞에 있는 가젤의 간절한 마음으로 참여했습니다. 저희에게 기회를 주신다면 이 프로젝트가 마지막이라는 생각으로 가젤처럼 최선을 다해서 달리겠습니다."

이렇게 마무리하고 PT를 정리하고 나오는데 안에서 기분 좋은 말들이 들렸다.

"마지막으로 한 가젤 팀이 제일 좋던데요. 그 팀으로 하면 좋겠습니다."
"저도 치타 가젤 팀이 좋습니다."

그 클로징이 모든 것을 결정짓지는 않았더라도 심사위원들의 가슴속에는 가젤이 최선을 다해 달려가는 모습이 남았을 것이다.

남의 이야기가 아닌, 나의 이야기를 하라

"나, 암이래."
"내 친구, 암이래."

내 이야기와 남의 이야기는 어떤 상황에서 어떻게 전달하느냐에 따라 다르지만 내용만 보면 내 이야기가 더 와 닿는다.

684부대의 실화를 바탕으로 만들어진 〈실미도〉, 2003년에서 2004년까지 발생한 유영철 연쇄 살인 사건을 다룬 〈추격자〉, 많은 사람들에게 헌법 제1조 2항이 무엇인지 알려주고 인식시켜준 〈변호인〉 등 실화를 바탕으로 만든 영화가 유난히 기억에 남는 것은 바로 영화 속에서 실제 나의 이야기를 하기 때문이다. 현실에서 내가 직접 경험이라도 하듯이 무섭고 답답하고 슬프고 기쁜 다양한 감정이 더 많이 느껴지는 것이다.

입찰 PT에서도 남의 이야기보다 나의 이야기가 더 와 닿을 것

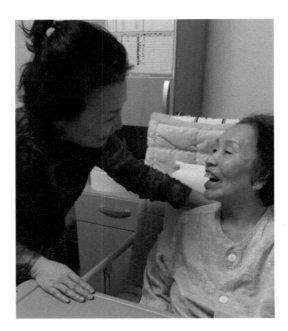

간병사와 할머니

이다. 병원에서 입찰 PT가 진행되었다. 환자를 케어해주는 간병인을 공급하는 업체를 선정하는 PT였다. 회사의 상황, 간병사 확보 방안, 간병사 운영 및 관리 방법, 간병사 교육, 서비스 만족 방안 등이 병원에서 보는 내용이었다. 업체마다 발표 내용은 크게 다르지 않았다. 우리 회사는 좋은 회사다, 간병사가 많다, 운영과 관리를 잘하고 있다, 교육을 철저히 한다, 서비스 만족도가 잘 나온다 등 대부분 큰 차이를 느끼기 어려운 내용이었다. 디테일한 부분과 환자를 가족처럼 대하는 마음을 어떻게 보여주는지가 업체를 선택

누가 저 대신 프레젠테이션 좀 해주세요

하는 기준이었다. 우리 또한 입찰 PT에 들어가서, 회사가 좋고 간병사가 많으며 운영 및 관리를 잘한다는 점을 빠짐없이 말했다. 그런데 그렇게 마무리하면 다른 업체와 차별점이 없었다. 그래서 마지막으로 이렇게 말했다.

"처음에 보여드린 이 사진 기억나세요? 이 사진의 주인공은 바로 제 할머니였습니다. 옆에 계신 분은 간병사이십니다. 할머니께서 언제 화장실을 가시는지, 무엇을 좋아하시는지, 표정만 봐도 어떤 기분인지 아는, 가족보다 가까운 사이였습니다. 저는 어릴 때부터 그 모습을 보고 자랐습니다. 그리고 지금 이렇게 생각합니다. 환자는 내 가장 소중한 가족이다! 몸에 생긴 병은 의사, 간호사 선생님이 도와주고 마음에 생긴 병은 간병사가 도와드리면 환자가 더 빨리 건강을 회복할 것이라는 생각! 그 생각이 ○○ 병원을 찾아주신 모든 환자에게 전해지도록 최선을 다하겠습니다."

프레젠테이션은 파워포인트 자료가 아닌,

사람을 보는 자리다

축구에서 공격수와 수비수 사이에서 플레이하며 볼의 점유, 탈환, 공격과 수비가 잘 이루어지도록 연결하는 미드필더 역할은 경기의 승패 결과에도 큰 영향을 미칠 만큼 매우 중요하다. 경기장 전체를 둘러볼 수 있는 중앙 포지션으로, 상대편이 볼을 점유하고 있을 때는 수비를 하며 경기장 중앙에서 상대 선수들을 압박한다. 공격할 때는 상대편에게서 공을 빼앗거나 공격수에게 볼을 배급하는 등 볼 점유율을 높이며 득점 기회를 만들어낸다. 종종 직접 점수를 올리기도 한다. 경기를 읽는 시야가 넓어야 하고 정확하게 패스하는 능력 등 경기를 지배하는 능력이 필요하다.

축제에서 기획사가 바로 이런 미드필더 역할을 한다고 볼 수 있다. 축제가 잘 진행되기 위해서는 소프트웨어와 하드웨어가 잘 어우러져야 한다. 프로그램과 행사 전체 시스템의 조화에 행사 성공 여부가 달려 있다. 프로그램을 잘 설계하면 거기에 맞는 시스템이 수립되고 무대, 조명, 음향, 인력 운영 등 다양한 전문 파트가 움직여줘야 한다.

축제 PT를 들어갔을 때다. 다양한 업체를 알고 있다는 것도 중요하지만 서로 손발 잘 맞는 업체가 함께해야 좋다는 사실을 심사위원도 잘 안다. 우리는 경험 많은 회사다, 그리고 이러한 프로그램을 통해 많은 시민이 함께하도록 만들겠다, 그러기 위해 다양한 프로그램이 준비되어 있다 등의 내용으로 PT를 마무리했다. 클로징 멘트는 우리의 가장 강력한 무기인, 호흡이 좋은 회사라는 점을 어필하려고 이렇게 말했다.

"혹시 혹등고래를 아세요? 몸길이 11~16m에 몸무게 30~40t, 최대 60년까지 살 수 있는 긴수염고랫과입니다. 그런데 이렇게 큰 혹등고

누가 저 대신 프레젠테이션 좀 해주세요

래는 어떻게 사냥을 할까요? (포즈) 저도 처음에는 큰 입을 벌리고 있지 않을까, 물을 빨아들이지 않을까 생각했습니다. 하지만 혹등고래는 사냥할 때 심해로 내려가, 등에 있는 숨구멍을 통해 머리 위에 있는 물고기들을 거품 속에 가둬둡니다. 문제는 바다가 너무 넓어서 혼자서는 힘들다는 것입니다.

그래서 한 마리가 아니라 여러 마리가 함께 둥글게 기포를 위로 쏘아 올리면서 원을 그리고, 한 마리씩 올라와 거품 속에 갇혀 있는 물고기를 먹는다고 합니다. 혼자서 욕심을 내서 다 먹으려 하면 물고기들은 바로 눈치채고 도망가버립니다. 기포를 얼마나 내보내야 하는지, 언제 먹으면 되는지는 수많은 호흡을 나눈 그들만이 알고 있을 겁니다. 저희 ○○회사는 음향, 조명, 무대, 인력 등 같은 업체와 17년 동안 호흡을 맞춰왔습니다. 이번 행사의 성공 여부는 호흡에서 결정되리라 생각합니다. 저희를 선택해주신다면 업체 간 호흡, 귀사와의 호흡, 시민과의 호흡을 잘 맞춰 축제를 성공적으로 진행하겠습니다."

혹등고래의 모습

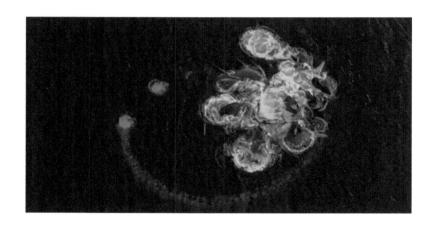

혹등고래의 사냥 장면

A-B-클로징A'

중요한 건 당신이 어떻게 시작했는가가 아니라 어떻게
끝내는가다.
- 앤드류 매튜스

좋은 강의를 들은 것 같은데 끝나고 나면 생각이 나지 않는 경험.
영화를 볼 때는 재미있었는데 기억이 하나도 안 났던 경험. 소개팅
으로 상대방을 만나 즐거운 저녁 시간을 보낸 것 같은데 돌아간 후
별로 감흥이 없었던 경험. 한 번쯤 있지 않을까?

훌륭한 프레젠터의 프레젠테이션은 애쓰지 않아도 잘 들린다.
머리 아프게 생각하지 않아도 된단 뜻이다. 하지만 열심히 설명하
고 큰 소리로 말하고 중요한 내용을 강조하듯이 말했지만 기억에
하나도 안 남는 프레젠테이션도 있다. 끝나고 나면 무슨 이야기를
했는지 기억이 안 나는 것은 왜일까?

이기는 PT에는 키맨을 사로잡는 화법이 있다

사람의 주의력에는 한계가 있고, 청중이 처음부터 끝까지 기억하기란 힘들다. 열심히 듣는 시늉을 하지만 정신이 딴 데 가 있는 경우도 많다. 대부분의 프레젠테이션은 흐름을 갖고 줄거리와 스토리가 있다. 처음, 중간, 끝에 계속 심사위원이 흐름을 놓치지 않도록, 말하는 프레젠터가 도움을 주어야 한다. 자연스럽게 요약과 반복이 들어가야 한다. 마지막에는 새로운 제안을 하거나 처음에 말하지 않은 신선한 의견을 내놓을 필요가 없다. 반드시 '요약'하고 '정리'하고 '마무리'하는 데 시간을 충분히 할애해야 한다.

"아까 말씀 못 드린 것이 있는데, 제가 더 보충 설명하겠습니다"라는 말을 마지막 부분에 한다면 어떻게 될까? 끝날 시간이 임박했는데 말이다. 마무리해야 할 대목에서 보충 설명이나 새로운 내용을 꺼내는 순간 청중은 당황한다. 급작스럽고 순간적으로 짜증도 난다. '지금까지 한 얘기는 뭐란 말인가?' 하는 느낌이다. 아직까지 본론이란 말인지, 결론부가 맞는지 감이 오지 않는다.

첫인상과 끝인상을 통일시키자

앞으로 앞으로 앞으로 앞으로
지구는 둥그니까 자꾸 걸어나가면
온 세상 어린이를 다 만나고 오겠네
온 세상 어린이가 하하하하 웃으면

그 소리 들리겠네 달나라까지

앞으로 앞으로 앞으로 앞으로

윤석중이 작사한 동요 〈앞으로〉의 일부다. 어린아이도 쉽게 익힐 수 있는 동요에서는 첫 연과 끝 연에 다시 반복하는 문학적 구성법인 수미상관법을 사용했다. 수미상관법은 운율을 중시하고 의미를 강조할 때 쓰는 주요 표현 수법의 하나로 소설, 수필, 영화 등 다양한 장르에서도 활용된다.

하루 5,000만 명이 먹는다는 햄버거가 사랑받는 이유 역시 안정적인 구조에 있다. 가운데에 있는 내용물이 아무리 달라져도 처음과 끝을 빵이 안정적으로 받쳐주고 있기 때문이다. 프레젠테이션의 구조도 마찬가지다. 내용은 달라져도 시작과 끝을 통일하면 안정적인 끝맺음을 할 수 있다.

오프닝 실습을 했던 자료를 예로 든다면 "처음에 제가 예로 들었던 광고 문구 기억나시나요? 저희에게 맡겨주신다면 며느리도 모르는 그 한국의 장맛을 저희 ○○회사가 세계에 알리겠습니다" 처럼 다시 한 번 오프닝의 문구로 끝맺음을 하는 것이다. 이렇게 시작과 끝을 같은 이야기로 하면, 처음에 말해서 잊혔던 이야기를 다시 각인시키는 효과도 있다.

마무리에서는 요약 정리하자

결론에서는 앞서 이야기한 큰 그림을 보여주는 것으로 마무리한다. 반복적으로 요약하고 정리한다고 해서 청중에게 피해가 가는것은 아니다. 자연스러운 반복 기법은 오히려 이해를 돕는다.

《지적 대화를 위한 넓고 얕은 지식》(채사장 저, 한빛비즈, 2014)은 저자의 첫 책임에도 불구하고 이례적으로 100만 부 이상 판매되어베스트셀러 순위 상위권을 오랫동안 지켰다. 이 책의 특별한 점이무엇일까? 저자만의 새로운 사상을 이야기한 것은 아니다. 역사,정치, 사회, 문화, 예술, 철학 등 거대한 지식의 얼개를 나름 '정리'하고 '요약'한 기법의 설명 방식이다. 재미있는 것은 각 장에 지금까지 한 말을 정리하는 요약과 마무리가 존재한다는 점이다. 그리고 다음 장을 시작할 때는 다시 앞에서 말한 내용을 언급한다. 이해가 쏙쏙 잘되는 강의와도 같다. 독자는 '뭐 이렇게 똑같은 얘기를 계속하는 거야?'라고 짜증 내지 않는다. '아, 이해가 정말 잘된다. 여러 번 반복되니까 배우기 편한 것 같아'라고 생각한다.

프레젠테이션에서는 먼저 '무엇을 이야기할 것인지' 미리 알려주어야 한다. 상대방에게 미리 마음의 준비를 하라는 뜻이다. 지금부터 내가 이야기할 내용이 무엇인지 예고편을 말해준다. 그리고 중간에는 앞서 말한 내용을 한 번쯤 정리해주는 과정이 필요하다. 마무리 역시 마찬가지. 지금까지 전개한 내용을 요약해주어야 한다.

앞서 오프닝 실습에서 제시한 한국 소스 세계화 홍보관 관련 PT

를 예로 들 수 있다.

"지금까지 저희는 한국 소스 세계화 홍보관을 위해서 맛, 인식, 변화 세 가지를 말씀드렸습니다. 직접 맛볼 수 있는 체험관을 통해서 인식의 변화를 가져오고, 이를 통해 세계적으로 뻗어나갈 수 있는 한국 소스의 변화를 꾀하도록 하겠습니다. 많은 말씀을 드렸는데 이 세 가지 맛, 인식, 변화는 꼭 기억해주시기 바랍니다."

이와 같이 경쟁 업체와는 차별화된 우리만의 핵심 메시지를 다시 한 번 요약 정리하는 것이 좋다.

마무리 단계에서 요약하는 방식은 이론적으로는 익히 알려져 있지만 실전에서 사용하는 프레젠터는 드물다. 시간이 없다는 생각에 전달할 내용만을 빠르게 쏟아내기 때문이다. 마무리하고 정리하고 요약하는 일이 불필요하다고도 여긴다. '앞에서 이야기했으니 다 알아들었겠지'라고 생각한다. 하지만 아무리 똑똑한 사람이더라도 말로 한 번 들었던 것을 완벽히 기억하기엔 무리가 있다. 잠시 놓친 부분을 친절하게 요약해주는 프레젠터가 훨씬 마음에 남는다. 페이지마다, 주제마다, 챕터마다, 프레젠테이션마다 하나의 설명이 끝나고 나면 반드시 요약하는 훈련을 해보라. 한 마리의 양도 놓치지 않는 똑똑한 목동이 될 수 있다.

가장 좋은 것은 마지막에 들고 나타나지요

바네사 윌리엄스라는 가수가 부른 곡 중에 〈Save The Best for Last〉란 노래가 있다. 노래 가사는 다음과 같다.

> 때로는 6월에 눈이 내리기도 하고,
> 때로는 태양이 달 주변을 돌기도 해요.
> 우리에게 더 이상 기회가 없다고 생각할 때
> 당신은 항상 가장 좋은 것을 마지막에 들고 나타나지요.

사랑하는 사람을 위해 가장 좋은 것을 마지막에 준다는 내용의 서정적인 노래 가사지만 상대방을 설득하는 프레젠테이션 역시 마찬가지다. 바로 'Save the best for last'의 정신을 프레젠테이션에 담아야 한다. 영화를 많이 보길 권한다. 좋은 영화나 감동적인 영화의 후반부를 보면서 어떻게 청중에게 감동이 전해지는지 '분석'해보자.

20년 전쯤 보았던 〈시네마 천국〉의 마지막 장면도 오랫동안 기억에 남는다. 토토는 영화감독으로 성공한 후 모든 것이 낡고 폐허가 된 자신의 옛 동네, 허물어지기 직전의 극장에서 어떤 필름을 본다. 자신에게 영화의 꿈을 심어주었던 영사기 아저씨가 남겨둔 필름으로, 영화 심의 때문에 남녀의 애정신만 잘라놓은 것을 이어붙인 것이다. 수많은 남녀는 포옹하고, 키스하고, 애무한다. 사랑의 눈길을 보낸다. 토토는 울고 웃으면서 영상을 본다. 그리고 관객도 함께 본다. 주인공이 보는 영상을 관객인 우리도 함께 보면서 울고 웃게 된다.

주인공과 관객이 모두 하나가 되며 끝맺는 이 영화처럼 프레젠테이션의 마무리는 어쩌면 말하는 사람과 청중이 모두 하나가 되는 시간이 아닐까? '나의 마음이 너에게 닿는' 시간.

클라이맥스의 감동은 바로 '감동'의 문제다. 스티브 잡스가 중요한 키노트 프레젠테이션마다 즐겨 사용했던 'One More Thing'이란 세션이 있다. 그날의 프레젠테이션의 가장 핵심이 되는 내용을 마지막까지 아껴두었다가 펼쳐놓는 'Save the best for last' 기법이었다.

청중이 집중력을 유지할 수 있는 시간도 고려해야 한다. 사람의 집중력은 한계가 있다. 시간이 갈수록 당연히 처음보다 집중력이 점점 떨어진다. 초반에 중요하고 흥미로운 내용을 다 풀어내면 후반부에는 재미없고 지루한 내용이 남게 된다. 최후의 '무기'를 숨겨두는 방법을 고민해보자. 생생하게 기억에 남는 후반부, 클로징을 어떻게 구성할까 생각해야 한다. 1분 1초가 아쉬운 시간이다. "지금까지 경청해주셔서 감사합니다"와 같은 상투적인 인사말로 끝낸다면 기회를 스스로 차버리는 것이나 다름없다.

면접 볼 때 "마지막으로 하고 싶은 말 있으세요?"라는 질문에 마음을 움직이게 하는 한마디를 하는 사람이 있고 최후의 기회를 저버리는 사람이 있다. 프레젠테이션에서도 마찬가지다. 입찰 프

이기는 PT에는 키맨을 사로잡는 화법이 있다

레젠테이션에서는 우리를 선택할 수 있도록 마지막에 추가 제안이나 부가 제안을 넣은 경우가 있다. 우리를 선택하면 "수익금의 1%를 고객사의 이름으로 사회에 환원하겠다"거나 "고객사만을 위한 워크숍을 추진하겠다"와 같은 부가 제안으로, 선택을 망설이는 심사위원의 마음을 사로잡을 수 있다.

누가 저 대신 프레젠테이션 좀 해주세요

멘트
실전편

−

오프닝/
클로징

오프닝 멘트, 클로징 멘트, 분야별 스토리텔링. 10~20분 정도로 짧은 시간의 입찰 프레젠테이션이지만 평소 준비하는 자세가 필요하다. 논리적인 내용을 전달만 하는 것은 '스피커'에 불과하다. 많은 양의 지식을 빠르게 쏟아내는 것이 프레젠터의 역할은 아니다. 책, TV 프로그램, 영화, 광고, 간판 글씨, 여행, 라디오에서 들은 사연, 만남이나 대화 등 일상의 모든 것이 스토리의 소재가 될 수 있다. 당연히 이 모든 것을 기억할 수 없으므로 '메모'를 체계적으로 해두는 습관이 필요하다.

소설가 폴 오스터는 어린 시절 야구장에 갔을 때, 명예의 전당에 오른 유명 야구 선수 윌리 메이스를 만난 적이 있다. 사인을 받으려고 종이를 꺼냈지만 연필이 없었다. 같이 간 사람들도 필기구가 없다고 하니 윌리 메이스는 "나도 연필이 없어서 사인을 해줄 수가 없구나"라고 말했다. 그 뒤로 오스터는 어디 가든 연필과 종이를 꼭 챙겼다고 한다. 평소에 좋은 재료를 준비하는 노력이 필요하다.

'이기는PT'의 김지윤 프레젠터는 안동 MBC의 아나운서 출신이다. 프레젠테이션은 카메라가 아닌, 진짜 사람들 앞에서 생생하게 말하는 일이라서 더욱 현장감 있고 재미있다고 한다. 하지만 녹화를 다시 할 수 있는 방송이 아니므로 더욱 긴장될 수밖에 없다. 말하는 사람과 듣는 사람의 교감이 있는 자리지만, 아무렇게나 말할 수는 없는 노릇이다. 잘 정돈된 지식과 의미 있는 내용을 구성하기 위해 김지윤 프레젠터는 발표 준비를 어떻게 하는 걸까?

"프레젠테이션을 할 때는 사람들의 귀를 잡아끌 수 있는, 재미있고 꽂히는 내용이 필요해요. 제가 보기엔 입찰 프레젠테이션을 의뢰받은 그날부터 준

누가 저 대신 프레젠테이션 좀 해주세요

비하면 늦어요. 평소에 메모하는 습관과 정리된 스토리가 필요합니다. 주로 에버노트를 사용해 독서한 내용을 정리해두고 스토리를 모읍니다.”

평소에도 프레젠터로서 생활하는 자세가 요구된다. 기억력의 용량 한계 때문에 메모는 필수다. 또한 메모한 내용을 카테고리화하여 입력하고 저장해두도록 한다. 갑자기 프레젠테이션을 의뢰받고 준비하려면 생각이 안 날 수도 있고, 질 좋은 프레젠테이션이 나오지 않는다. 하나에 몰두하고 생각하면서 준비하는 시간이 프레젠터에게 요구된다. 예술가가 작품을 구상하는 시간과 마찬가지다.

매력적이고 감성적인 노랫말을 써온 작사가 김이나는 아이유의 〈좋은 날〉〈잔소리〉, 브라운 아이드 걸스의 〈아브라카다브라〉, 가인의 〈Apple〉, 이선희의 〈그중에 그대를 만나〉, 조용필의 〈걷고 싶다〉 등 발표한 노래마다 소위 ‘대박이 나서’ 스타 작사가, 히트곡 제조기로 불린다. 《김이나의 작사법》(문학동네, 2015)에서는 다음과 같이 말하고 있다.

“노랫말은 인간의 다양한 측면을 담아야 한다. 예를 들어 이별에 대처하는 요령도 제각각이다. 자신을 탓하는 부처형, 하염없이 기다리는 망부석형, 끝까지 매달리는 거머리형, 너죽고 나죽자는 논개형 등 천차만별이다. 평소 꼼꼼한 관찰이 필요하다. 도처에 가사가 있다.” (p.221)

“시상을 떠올리기 위해 몰입하는 행동은 해본 적 없다. 지극히 현실적이었기에 작사가가 되겠다고 모든 걸 때려치우고 시상을 떠올리지는 않았다."
(p.206)

"작사가는 보통 3분 안에 제한된 자수로 남들의 이야기를 만들어주는 복화
술사다. 진보적 대통령을 위해 연설문을 써주는 담당관이 있다고 치자. 그
런 그는 보수적이다. 만약 그가 자기 성향에 맞는 단어로 글을 쓴다면 대통령
이 빛나겠는가. 또 설득력이 있겠는가. 초보 작사가는 우아한 글을 쓰려고 한
다. 현실은 구질구질하고 볼품없는 경우가 다반사인데." (p.108)

노래 한 곡 안에 사람의 마음을 울리는 가사를 만들어내는 작사가처럼 프레
젠터 역시 정해진 시간 안에 청중의 마음을 내 편으로 결정하게 해야 한다. '도
처에 가사가 있다' '평소 생활 속에서 시상을 찾는다'는 이야기를 프레젠터도
귀담아들을 필요가 있다. 예전에 가수 신승훈도 좋은 곡을 쓰는 비결로 평소의
습관을 말한 적이 있다. 약속이 있어서 버스를 탔는데 갑자기 리듬이 떠올라 자
신의 무선호출기에 녹음을 했다고 한다. 시상이 잠깐 떠올랐다 사라지기 때문
이다. 강사나 프레젠터와 같이 말하는 직종에 있는 사람들에게는 잔고가 넉넉
한 스토리 통장이 필요하다.

• 많은 사람과 대화한 내용
• 라디오에서 들은 재미있는 사연
• 책에 실린 구절
• TV 프로그램의 자막

누가 저 대신 프레젠테이션 좀 해주세요

- 감동적인 영화 대사

- 식당 주인이 하는 말

- 광고 멘트

- 뉴스에 나온 사건이나 사고

스토리는 도처에 널려 있다. 에버노트와 같은 프로그램을 활용하여 분야별로 정리해두면 나중에도 보기 좋다. 멋진 글귀나 멘트는 저절로 만들어지지 않는다. 예를 들어 책을 읽다가 괜찮은 구절이 나오면 작은 포스트잇으로 키워드만 적고 붙여놓는다. 그리고 책을 다 읽고 난 후 포스트잇을 붙여놓은 부분 문장을 에버노트에 옮기는 것. 카테고리 만드는 작업이 중요하다.

관계, 약속, 사랑, 연애, 자녀 교육, 과학 상식, 건강, 여행, 진로, 결실, 스피치, 클로징 등 자신이 관심 있는 주제를 카테고리로 만들어둔다. 분야에 맞는 오프닝 멘트나 클로징 멘트, 스토리를 연결하는 내용 등을 갑자기 찾으려 하지 말고 자신이 미리 준비해둔 에버노트에서 꺼내어 연결하면 좋다. 항상 메모하는 습관이 중요하다. 준비된 자에게 기회가 찾아오는 것처럼. 자신만의 무기를 많이 만들어두면 어떤 적이 와도 대처할 수 있다.

이기는 PT에는 키맨을 사로잡는 화법이 있다

3부

이기는 PT에는
돌발한 상황을
대처법이 있다

또 하나의
승부수,
질의응답

입찰 프레젠테이션은 발표가 끝났다고 끝난 것이 아니다. 또 하나의 관문, 질의응답이 남아 있다. 질의응답은 입찰 프레젠테이션의 또 다른 막, 필살기라고 볼 수 있다. 고객사의 눈높이가 올라가면서 제안의 핵심을 파악하고 질문으로 집요하게 파고드는 경우가 많아졌다. 예측할 수 없는 질문이 나올 수 있으므로 가장 두려운 순간이기도 하다.

중요한 프레젠테이션을 앞두고 팀원 전체가 며칠을 열심히 준비했다. 그리고 발표를 잘 마쳤다. 반응도 좋고 분위기 역시 좋았다. 질문이 이어졌다. 만일의 상황에 대비한 대처법을 묻는 질문에 함께 들어간 팀장님이 답변을 잘못했다. 잘못했다고 생각하니 말이 중언부언 길어졌고, 길어지다 보니 실수가 더 나왔다. 호의적이던 분위기가 한순간에 바뀌었다. 심사위원들은 실망감을 감추지 못했고, 싸늘하게 답변을 끊고 다음 업체의 발표를 듣겠다고 했다. 정말 열심히 준비한 프레젠테이션이었는데 질의응답까지 철저히 준비하지 않으면 어떤 결과를 낳는지 보여주는 순간이었다.

최근 입찰 PT는 직원처럼 보이는 발표자를 원한다. 아예 4대 보험까지 넣고 몇 달 동안 직원처럼 일한 적도 있다. 말을 잘하고 프로페셔널한 프레젠터는 과거의 트렌드다. 요즘은 직원이나 담당자처럼 내용을 잘 아는 프레젠터여야 한다는 요구가 있다. 왜냐하면 노련해서 질문에 적절하게 대답하기 때문이다. 발표 후에는 질의응답 시간이 있게 마련이다. 혹은 발표 중에도 질의응답이 끊이지 않을 때가 있다. 그렇다면 어떻게 질문에 적절하게 대처할 수

이기는 PT에는 돌발 상황 대처법이 있다

있을까?

　모든 질문에 전문적이고 능숙하게 대답할 수는 없다. 그러나 최소한 내용을 완전히 파악하여, 간단한 질문에 막힘없이 술술 대답할 수 있도록 충분히 준비하자. 내용을 잘 숙지하면 질의응답에 대한 두려움을 덜어낼 수 있다. 질문에 대처하는 몇 가지 테크닉을 알아보자.

누가 저 대신 프레젠테이션 좀 해주세요

반복하라
반복하라
반복하라

질문자도 질문의 내용을 제대로 파악하지 못할 때가 많다. 자신도 잘 모르면서 질문하기 때문이다. 질문의 핵심이 없을 때는 답변하기도 모호하다. 답변이 모호하면 듣는 사람은 발표를 잘못했다고 생각한다. 질문 하나에 서너 가지 내용을 복합적으로 물을 때도 있다. 어떻게 대답해야 할지 난감해질 수 있다.

　이럴 때는 "이렇게 이야기하신 것 맞나요? 질문의 요지가 바로 이것인가요?"라고 되묻는다. 질문을 반복하여 물어봄으로써 정확한 의도를 파악할 뿐 아니라 시간을 벌 수 있다. 질문자에게도 질문을 반복하여 말함으로써 생각할 시간을 줄 수 있다. 자기가 얘기하면서도 내용을 제대로 파악하지 못했거나 크게 의미 없는 질문을 할 수도 있다. 꼭 질문을 확인하자. 질문 리딩 능력은 맥락을 이해하는 능력이다. 질문의 의도에 맞게 대답하지 못하면 반감이 생길 수 있다.

이기는 PT에는 돌발 상황 대처법이 있다

"고객 불만 클레임 프로세스에 대해서 물어보신 것 맞으시죠?"
라고 아주 구체적으로 세분하여 질문의 의도를 다시금 확인하고
정리한다. 질문 내용만 잘 정리해도 대답할 거리가 생긴다. 많은
프레젠터가 질문을 두려워한다. 예상 질문에 충분히 대비하지 않
았기 때문이다. 질의응답도 어느 정도 준비된 답변, 시나리오가 필
요하다.

대답은 핵심만 간결하고 짧게 해야 한다. 질문에 즉석에서 대답
하지 못하는 경우가 혹시라도 생기면, 실무진이 검토하여 다음에
말씀드리겠다고 말한다. 이처럼 위기 상황을 순발력 있게 풀어가
는 것이 좋다.

최악의 키워드,
임기응변

제안 요청서를 보면 어떻게 평가하겠다는 심사 지침이 나온다. 입찰할 때 제시하는 부분이다. 이를 꼼꼼히 보아야 한다. 프레젠터는 말을 잘하는 능력보다는 핵심을 잘 짚는 능력이 필요하다. 제안 업체에서도 강점으로 뽑아낼 부분을 잘 파악해야 한다. 심사 배점표에 따라 주요 예상 질문을 찾아내야 한다.

업체에 예상 질문 리스트와 대답을 준비해달라고 요청하자. 시나리오를 작성하고 연습한다면 두려움이 줄어들고 돌발 상황에 충분히 대처할 수 있다. 또한 질문을 메모하고 예상되는 답변을 미리 준비해두면 좋다. 프레젠테이션 당일 어떤 질문이 있었는지 메모한 다음, 업체에 전달한다. 질의응답을 모아놓으면 비슷한 PT를 할 때 도움이 되기도 한다.

예를 들어 야외 행사나 축제의 입찰 프레젠테이션에 주로 나오는 단골 질문이 있다. 가장 많이 듣는 것은 '우천 시 어떻게 진행할 것인가?'라는 질문이다. 그 밖에도 발전기 동력은 어떤 것을 사용할 것인가, 행사 요원은 어떻게 동원할 것인가, 출연자 대기실은 어느 정도의 규모인가, 혹은 좁지는 않은가 등이 축제나 행사 입찰 PT의 질문이었다. 실제로 이런 질문은 여러 번 받았다. 당혹스러운 질문에 대해서는 예상 답변이 필요하다. 모의고사 문제를 풀듯이 말이다. 프레젠터로서 PT를 여러 번 경험하면 질문 대처 능력도 높아진다. 유연하고 편안한 태도가 절로 갖추어지게 된다. 경험보다 더 큰 배움은 없다.

프레젠터 본인뿐 아니라 발표장에 함께 들어가는 업체의 담당자나 팀장급 직원이 대답할 수도 있다. 보통 프레젠테이션 장소에 인원 제한이 있다. 3~4명까지 들어가는 게 보통이다. 가장 제한을 심하게 한 곳은 딱 2명만 참석하라고 지시하기도 했다. 장소가 협소하여 2인만 참여하라고 요구한 것이다. 간혹 인원 제한이 없는 곳도 있어서 업체의 팀원 전원이 참석하여 강한 신뢰도와 끈끈한 결속력을 보인 적도 있다. 보통 큰 규모의 발표장에서는 많은 인원이 참석하길 원하기도 한다. 성의 표시를 위해 "저희 팀 전원이 참석했습니다"라고 말하면서 발표하기도 한다.

심사 기준 및 배점 예시

구분		심사 항목 및 배점 비율	평가 사항	세부 내용
기술 능력 평가 (80점)	정량적 평가 (20점)	1. 기본적인 사업 능력 (20점)	(1) 신청 단체 경영 상태(7점)	• 기업신용평가 등급에 의한 평가
			(2) 사업 추진 실적(7점)	• 최근 3년간 추진 실적
			(3) 전문 인력 보유(6점)	• 구성 형태, 전담 여부
	정성적 평가 (60점)	2. 행사 기획 실행·운영 능력 (60점)	(1) 타당성, 독창성, 충실성(15점)	• 사업 이해도 및 체계성 • 제안 내용의 독창성, 예술성 • 기획의 구성, 내용 충실성
			(2) 실행 능력(15점)	• 프로그램의 실현 가능성 • 행사 실행 제안 • 전담 조직의 전문성
			(3) 무대 디자인, 시스템 안전성 구성 및 운영 방안(10점)	• 무대 디자인의 독창성과 실용성 • 출연진 대기실 • 음향, 조명, 전기의 안전성
			(4) 홍보마케팅 능력(5점)	• 홍보 및 마케팅 프로그램 기획 및 실행 능력 • 홍보·광고물 디자인, 제작, 운영 능력 • 협찬 유치, 유료 상품 개발 방안
			(5) 인력, 시설물 설치, 장비 확보 및 사업 운영 방안(10점)	• 시설물, 시스템 장비 확보 방안 • 운영요원, 안전요원 구성 방안 • 우천 시 대책, 안전 대책 등
			(6) 재정운영계획(5점)	• 예산 구성의 적정성 • 경비 집행의 효율성 • 계획과 예산의 연계성
입찰 가격 평가 (20점)			• 총 사업비 제안 비용	

※ 정성적 평가는 최고점수와 최저점수를 준 위원을 제외하고 나머지 위원의 평가점수를 합산하여 산술평균한 점수로 한다. 이 경우 최고점수·최저점수가 2개 이상인 경우 하나의 점수만 제외하며, 평균점수 산정 결과 소수점 이하의 숫자가 있는 경우에는 소수점 셋째 자리에서 반올림한다.

※ 약자 및 우수기업, 중소기업, 일자리 창출 및 고용안정 기업일 경우 정량적 평가분야 배점한도(20점)를 넘지 않는 범위 내에서 기준에 따라 가산점을 부여함

※ 심사항목에 대한 증명은 제안서 제출과 함께 제출하며, 미제출 시 0점 처리

이기는 PT에는 돌발 상황 대처법이 있다

답변의
제왕

소소한 팁이긴 하지만 질문자를 칭찬하면서 대답을 이어나가자. "좋은 질문 감사합니다"라고 질문자를 칭찬하는 것이다. 심사위원 중 '안티'가 여럿 있다. 입찰 PT를 많이 진행해본 회사일수록 제안한 내용과 실제로 수행한 사업 내용 사이에서 실망감을 많이 느꼈기 때문이다. 입찰에서 제시한 내용이 제대로 진행되지 않은 경우도 많다. 제안은 화려한데 잘 수행하지 못했다고 여기면 입찰 프레젠테이션에 대한 신뢰도가 떨어진다. 그래서 당연히 질문의 강도가 세다. 질의응답 자체로 평가가 좌우되기도 한다.

질의응답을 잘하는 팀장님도 있지만 잘못된 답변으로 심사위원이 중간에 말을 끊는 경우도 있다. 미처 대답이 잘 이루어지지 않을 때는 "담당자에게 상세히 준비하여 이메일로 보내드리도록 하겠습니다"라고 말하는 게 좋다. 어쨌든 질문을 받고 나서는 "질문해주셔서 감사드립니다"라는 칭찬으로 시작해보자. 질문자를 칭

누가 저 대신 프레젠테이션 좀 해주세요

찬하는 것이 질문의 강도를 낮출 수 있는 노하우 중 하나다.

또한 잘못된 부분을 지적하는 질문이 나와도 우기거나 싸우려고 하면 절대 안 된다. 끝까지 주장을 굽히지 않는 태도는 옳지 않다. 제안 프레젠테이션은 설득의 말하기이지, 논쟁에서 이기기 위한 말하기가 아니다. 이성적인 결정을 내려야 한다. 지적하는 질문일 경우에는 "저희가 미처 생각하지 못했습니다" "이 부분을 보완하여 제안하겠습니다"라고 겸손히 말한다.

질문을 받으며 메모하는 모습을 보이는 것도 좋다. 가능하면 해당 업체의 다이어리를 들고 가서 메모한다. 직원으로 보이기 위해서다. 회사 로고나 이미지를 노출하는 효과도 있다. 적으면서 성의껏 듣는다는 느낌을 받게 하자.

또한 발표용 혹은 답변용 자료를 준비한다. 예상 질문 리스트에 따라 "이 부분에 대해서는 준비한 자료를 보시면서 말씀드리겠습니다"라고 말하면서 자연스럽게 도표나 자료를 화면에 띄운다. 말로만 대답하지 않고 정확한 증빙 자료 및 객관적인 도표를 보여주면 신뢰감이 '확!' 올라간다.

경험상 "그 질문과 관련해 저희가 준비한 자료가 있습니다"라고 말했을 때 싫어하는 곳은 하나도 없었다. 대체로 표정이 좋아지면서, 사전 준비가 철저한 업체라는 인상을 받는다. 이런 사소한 부분에 사람들은 감동한다. 자료까지 준비해 신경 써서 답변하면 추가 질문이 거의 나오지 않는다. 혹은 "추가 자료는 나눠드린 제안서의 15페이지에 첨부해두었습니다"라고 답변하면 정확도와 신뢰도를 높일 수 있다. 보통 파워포인트 자료에는 함축된 내용을 담는다. 자세한 사항은 자료를 만들어 제안서로 개별 제공한다. 발표자는 PPT 자료보다 훨씬 상세한 제안서를 충실히 공부하고 가야 한다. 발표하는 자료는 전반적인 개괄에 해당할 따름이다. 제안서와 자료로 공부하고 가야 추가적인 질문에 답변을 잘 해낼 수 있다.

파워포인트 모아찍기 기능을 활용하라

페이지가 많은 PPT 자료는 한 면에 모두 볼 수 있도록, 16장 모아찍기를 하면 좋다. 'Ctrl + P'를 누르면 프린트 설정 화면이 표시된다. 4장, 8장, 16장을 모아찍기 하여 한 면에 프린트하면 좋다. 이렇게 출력한 자료에는 페이지 번호를 크게 써놓는다. 전체 그림이 한눈에 보이기 때문에 흐름을 파악하기 좋다.

전체 그림이 한눈에 그려져야 내용이 빨리 숙지된다. 또한 질문에 대한 답변을 할 때 자료를 띄워놓은 PPT 화면에서 "아까 보았던 5페이지에 상세한 답변 내용이 있습니다"라고 말하면서 페이지를 보여주면 좋다. PPT 화면에서 숫자로 돌아갈 페이지 번호를 치고 ENTER 키를 누르면 된다. 예를 들어 5페이지에 질문한 내용의 답변을 설명하기 위해서 '숫자 5+ENTER'를 누른다. 설명할 때 미처 듣지 못한 심사위원도 분명 있으므로 자료를 다시 보여주면서 말하면 신뢰도를 높일 수 있다.

질문 리스트 예시

질문	답변 & 발표	비고
출연자 대기실이 좁지 않은가	사전 인원 확인 후 공간이 부족할 경우 캐노피 텐트 보강 설치	
FOH?	콘솔 약자	
스피커 4개 설치 이유	넓은 공간에서 시민들이 입체적 사운드를 느낄 수 있게 최적의 장소에 배치	
음향 특장점	지상파 방송 3사 등록 업체	
	세계 3대 테너 등 대규모 공연 경험 보유 / 세계적 브랜드의 음향 시스템 보유	
조명 특장점	안전을 위해 장비 설치 시 안전 고리를 장착 / 관람객과의 안전거리 유지를 통해 안전사고 예방	
	서울 재즈 페스티벌 등 대규모 공연의 조명을 담당했던 그린 조명과 협력	
	* 조명 사양서 내 오타 → 설명 빨리 넘기기	
스크린	부착 방법	
	바람 영향	
	유광 / 무광	
발전기	영국에 본사를 두고 있는 아그레코 브랜드 제품	
	상시로 돌아갈 수 있으며(1개월 세우지 않고 돌릴 수 있으며) / 누전 안전사고에 민감하게 반응하여 안전성 탁월	
	국내 10대만 있음	
	서울 광장 미관 고려 / 발전기 안전성 우수	
공연 왜 일자별로 제안하지 않았나	9~10월 중 서울광장 내부 행사 예약 상황이 많은 관계로 시스템 운영비와 테마만 제안	
공연 비용이 다른 업체에 비해 적은데	대행 수수료를 받지 않고 공연비로 집행하겠다	
공연 구성이 이게 끝인가	테마별 구성 / 추후 예술 감독님과 상의하여 일자별 공연을 구성하겠다	
종합 안내소 재질은	컨테이너 제품을 구조 변경하여 제작	
종합 안내소 간판에 불은 들어오는가	파라이트 조명을 이용하여 '종합 안내소' '문화가 흐르는 서울광장' 라이트 효과 연출	
저 정도 인원으로 운영이 가능한가	공연 규모에 따라 비상주 인력 추가 배치(대행사, 시스템 업체, 자원봉사자)	
어떤 청소업체인가	서울시 사회적 기업 ㈜한누리와 협력(쓰레기 수거)	
야간 시설물 관리는 어떻게 할 것인가	시스템 협력 업체와 계약 시 자체 관리한다는 항목을 추가하여 야간 시간대에 관리할 수 있도록 조치	
제3자 영업배상 책임보험?	작업 수행 또는 작업 수행을 위하여 소유, 사용 또는 관리하는 시설과 관련하여 우연히 발생한 제3자의 신체장애 또는 재물 손해로 인한 배상책임을 의미	

이기는 PT에는 돌발 상황 대처법이 있다

예측 불허
프레젠테이션
대처법

프레젠터,
노련함을
키워라

제2차 세계대전 초기, 영국의 처칠 수상은 미국의 루스벨트 대통령에게 원조를 받기 위해 미국에 간 적이 있다. 미국에 도착한 처칠은 호텔 객실에 짐을 풀고 목욕을 한 후 수건 한 장으로 몸을 가리고 나왔다. 그때 루스벨트 대통령이 숙소에 와서 기다리고 있음을 알게 된다. 깜짝 놀라고 당황한 처칠은 자신도 모르게 수건을 놓았다. 몸을 가린 수건이 흘러내렸다. 이때 처칠이 루스벨트 대통령에게 뭐라고 말했을까?

"보시다시피 영국 수상은 미국 대통령 앞에서 숨길 것이 하나도 없습니다"라고 말했다. 이에 루스벨트 대통령은 크게 웃음을 터뜨렸고, 중요한 회담은 순조롭게 마무리되었다. 돌발 상황에서 여유와 유머를 보여주는 세계사적인 순간이었다.

경쟁 프레젠테이션을 300번 넘게 해왔지만 똑같은 경우는 한 번도 없었다. 백이면 백 모두 상황이 달랐다. 이루 말할 수 없는 변

이기는 PT에는 돌발 상황 대처법이 있다

수가 항상 있었다. 아무리 완벽하게 준비한다고 해도 예상치 못한 돌발 상황이 생겨나곤 했다. 당혹스러운 상황에서 필요한 자세는 흔들리지 않는 여유로움이 아닐까? 준비된 시나리오대로 이뤄지지 않는 상황에 휩쓸리면 곤혹스러워진다. 사실 연습과 경험만큼 좋은 훈련법은 없다.

노련한 프레젠터와 초보 프레젠터의 가장 큰 차이는 여유로운 자세다. 웃음 띤 표정, 시작 전 사람들과 나누는 눈인사 등이 중요하다. 첫인사에 조금이라도 반응하거나 얼굴을 들고 쳐다본 심사위원을 집중적으로 공략하는 것도 좋은 방법이다. 한 사람이라도 내 편이 있으면 말하기가 더 쉬워지지 않겠는가.

프레젠터,
간절함을
품어라

우리는 매우 절실한 마음 상태를 '간절하다'고 표현한다. 간절(懇切)은 정성을 갈고 문지른다는 뜻이다. 옛사람들이 매일 정화수를 떠놓고 사랑하는 사람을 위해 기도한 것은 마음이 닿길 원해서였다. 간절하면 이루어진다는 말은 흔히 사용되며 종교적인 문구로 혹은 자기 최면에 쓰이기도 한다. 어려운 상황을 마주하고 지극 정성을 다하는 일. 간절히 염원하는 데 그치는 게 아니라 죽을힘을 다해 노력하는 일이라 할 수 있다. 외부 전문 프레젠터로 활동하기 때문에 발표가 끝이라고 생각할 수도 있다. 하지만 진심으로 내 일로 여기고 좋은 결과가 나오길 바라는 간절한 마음이 닿았을 때 결과는 달라진다.

심사위원에게 섭외되어서 온 사람이라는 느낌이 들게 해서는 안 된다. 수주하고자 하는 간절한 마음이 프레젠터 자신에게 있어야 한다. 내 회사는 아니지만 말이다. 회사 직원보다 더 간절한 마음을 가진다. 간절함이 느껴지지 않고 단순하게 발표 능력만 출중한 사람은 분명 외부인이라는 느낌이 들게 한다. 최근에는 내부 직원이 직접 발표하길 원한다. 그 분야의 전문가여야 사업에 대한 탄탄한 지식을 갖고 제안하며 질문에 답할 수 있기 때문이다.

프레젠터가 의뢰한 업체에 최선을 다했다는 생각이 들어야 한다. 스스로에게 부끄럽지 않게 말이다. 업체에 재촉하면서 자료를 요청하고 프레젠테이션 당일에 잘 해보자고 하면서 응원을 보내자. 상대방도 분명 감동하게 된다. 보여주기 식이 아니다. 진짜 스스로 열심히 하겠다는 마음가짐이다. 사실 수주에 성공하든 실패하든 내가 앞으로 진행할 프로젝트, 사업은 아니다. 그래도 결과에 성공할 때의 감흥과 쾌감은 말할 수 없이 크다. 간절한 마음, 꼭 되었으면 하는 마음이 상대방에게 전해지면 분명 좋은 결과가 있다.

입찰 프레젠터로서 많은 경험을 해보니 방송이나 MC 일보다도 스트레스가 크다. 돈을 많이 받을 수는 있지만 다른 일보다 스트레스 지수가 엄청나다. 하지만 수주를 해냈을 때 오는 결과는 매우 만족스럽다. 성공적인 결과에 대한 말할 수 없는 흥분감이 있다. 입찰 프레젠테이션 한 건이 생기면 '앉으나 서나' PT 내용만 생각하게 된다. 대충 내용만 읽고 말만 잘하고 오는 게 아니기 때문이다. 입찰 PT에 임할 때만큼은 진짜 내 일이라는 생각이 든다.

발표 전날까지 지겹게 담당자에게 전화해서 묻고 또 물었던 경험이 있다. 업체가 적극적으로 협조하지 않는다면 강하게 화를 낼 만큼 간절함이 커야 한다. 프레젠테이션 내용을 읽고 공부하면서 담당자에게 도대체 포인트가 무엇이고 전달할 핵심이 무엇인지 묻고 또 물어야 한다. 업체 담당자를 최대한 귀찮게 한다. 사활이 걸린 일처럼 여기는 것이다. 업체가 심드렁해할 때도 프레젠터가 나서서 완벽을 기해야 한다. 보통 자료를 받은 것으로 발표 준비만 잘하면 된다고 생각한다. 그렇지만 차별화된 프레젠터가 되려면 진정 '나의 일'이라고 여기는 마음이 필요하다. 그러한 자세와 행동은 프레젠테이션을 의뢰한 업체의 마음을 움직인다. 다음번에 또다시 일을 맡길 확률이 높다. 업계의 소문은 빠르다.

프레젠테이션이 끝났다고 해서 모든 일이 끝난 것은 아니다. 보통 결과가 발표되기 전까지 초조하다. 이미 내 손에서 일은 끝났지만 계속 전화해서 결과가 어떻게 되었느냐고 확인한 적이 많다. 발표 당일의 10분, 15분으로 프레젠터의 본분을 다한 게 아니다. 업체 관계자와의 유대 관계를 끈끈하게 만들고 결과까지 간절한 마음으로 기다리는 자세를 보이자. 좋은 결과는 거저 나오는 게 아니다.

이기는 PT에는 돌발 상황 대처법이 있다

상황별
위기 대응
매뉴얼

발표 중 심사위원이 나갈 때

심심찮게 일어나는 상황이다. 한창 발표하는 도중에 전화벨이 울린다. 물론 심사위원 대부분은 전화벨을 진동이나 무음으로 바꾸어놓는다. 그런데 전화벨이 울릴 때 여러 가지 반응을 보인다. "죄송합니다"라고 말한 다음 잠깐 나가는 사람이 있다. 혹은 아예 전화를 받으면서 "여보세요? 아, 그래. 잠깐만 기다려봐"라고 말하면서 나가는 사람도 있다. 그 사람이 키맨일 확률이 높다. 발표의 흐름이 끊어지면 발표자도 듣는 사람도 집중력이 떨어진다. 이런 상황에서는 어떻게 대처해야 할까?

가장 중요한 점은 키맨이 어떤 페이지에서 전화를 받으러 나갔는지 기억해야 한다는 것이다. 키맨이 바로 들어왔는지 아니면 끝

누가 저 대신 프레젠테이션 좀 해주세요

날 무렵 들어왔는지에 따라 다르게 대처한다. 바로 다시 들어왔다면 키맨이 듣지 못한 부분을 마지막에 자연스럽게 언급한다. 예를 들어 키맨이 PPT 17페이지 화면을 설명할 때 나갔다면, 요약하는 순간 "다시 한 번 핵심을 요약해드리면 이런 부분이 저희 회사의 장점이었습니다. 아까 언급한 부분 중 이 부분이었죠"라고 말하며 자연스럽게 17페이지를 눌러 보여준다. 흐름을 자연스럽게 연결하면서 끊어진 부분의 내용도 전달하자. 뒷부분을 말할 시간이 부족해지면 어떤 부분을 넘기고 클로징으로 갈지도 생각해야 한다.

키맨이 늦게 들어오면 발표 시간이 부족하기 때문에, 우리의 장점이 정리되어 있는 요약 페이지로 가서 핵심 포인트를 키맨에게 정확하게 전달한다. 키맨이 전화 받으러 밖으로 나가려고 하는데 "빨리 들어오세요"라고 말할 수 없는 노릇이다. 키맨이 나갈 때의 페이지와 요약 페이지를 꼭 기억한다.

동영상이 갑자기 안 나올 때

PPT 자료 중에 동영상 자료가 많다. 물론 발표 전에 동영상을 클릭해서 확인한다. 그런데도 막상 현장에서 동영상이 플레이되지 않을 때도 있었다. 종종 경험하는 사례다. 이때 "컴퓨터가 왜 이러지? 아까는 잘되었는데…. 죄송합니다"라고 말하면서 PC로 다가가 기기를 조정한다면? 준비가 미비하고 성의 없는 프레젠터로 보인다.

이럴 경우에 대비해 컴퓨터의 동영상 플레이어에 영상 파일을 띄워놓고, 발표자가 컨트롤할 수 있는 상황이라면 Alt+Tab 버튼을 활용해 바로 화면 전환을 해서 보여주고 다시 발표 화면으로 돌아오는 방법을 준비해둔다. Alt+Tab 버튼 실행값을 입력하여 화면을 전환할 수 있는 기능성 포인터도 있으니, 미리 장만하여 손에 익혀놓자. PC 자체에 문제가 생길 수도 있으므로, 미리 가지고 간 노트북으로 재빨리 바꾸어 대처할 수도 있다.

또 다른 방법은 PPT 자료를 만든 담당자와 함께 프레젠테이션에 들어가는 것이다. 프레젠테이션에 보통 3~4명 정도가 함께 들어갈 수 있다. 자료를 만든 사람이 가장 잘 알고 있기에 눈치껏 부탁하면 된다. 자료를 만든 사람이 PC 앞에 앉아 있다가 동영상 플레이에 순간적으로 문제가 생기면 대처할 수 있다. 정말 당혹스러운 순간에 "왜 안 되는 거지?"라고 말하면서 청중에게 허술한 모습을 보이지 않는다. 무언가를 탓하는 사람으로 비치지 마라. 어차피 이미 벌어진 일이다. 당혹스럽지만 겉으로는 여유 있는 모습을 보이면서 자연스럽게 넘어가도록 한다. 기기의 문제를 당장 해결하려고 하기보다 차라리 "조금 후에 다시 보도록 하죠"라고 말하면서 위기 상황을 지나가는 방법도 있다. 기계적으로 해결할 것인지, 자연스러운 멘트로 해결할 것인지 생각하자. 돌발 상황을 예측하고 대처 방안까지 미리 계산해두어야 한다.

최선의 방법은 모든 준비를 완벽하게 하는 것. 사전에 돌발 상황이 터지지 않도록 하는 게 가장 좋다. 문제가 커지지 않도록 사전에 준비해두면 다양한 방식으로 해결할 수 있다.

글꼴이 깨질 때

동영상 재생이 안 되는 경우처럼 흔한 상황이다. PPT 자료를 애써 예쁜 디자인으로 만들어놓아도 글꼴이 안 깔린 컴퓨터에서는 디자인이 제대로 보이지 않는다. 이때 파워포인트 옵션에서 글꼴 포함 저장을 체크하면 된다. 이 역시 불안하다면 미리 PDF 파일로 변환하여 준비해둔다. 글꼴이 깨져서 나올 때 바로 PDF로 전환한 페이지를 딱 보여준다. PDF 페이지 역시 포인터로 페이지를 넘길 수 있다. 다만 애니메이션 기능은 되지 않는다. 디자인이 생명인 프레젠테이션인데 글꼴이 제대로 안 보인다면 이처럼 PDF 파일도 준비할 필요가 있다.

노트북이 아예 멈춘 경우도 있었다. 당시 부서에서 사용하는 오래된 노트북이었는데, 불안해서 계속 바꿔달라고 요청했는데도 바꿔주지 않았다. 프레젠테이션에 의뢰 업체의 임원까지 들어왔는데 발표 도중 노트북이 결국 멈추어버렸다. 그때는 2~3명의 심사위원이 있는 소규모 PT였고, 다행히 배포 자료가 있었다. "이 부분은 배포 자료를 보면서 자세히 설명해드리도록 하겠습니다. 더 상세한 설명이 필요한 부분이기 때문에 즉시 답변을 드리면서 편안하게 PT를 진행하겠습니다"라고 말했다. 당황하는 모습을 보이지 않고 자연스러운 흐름을 이어가는 게 중요했다. PT가 끝난 이후 부서에서는 탭북과 최신 노트북까지 구매해주었다. 중요한 프레젠테이션에서 노트북이 꺼져버린 상황을 임원이 직접 보았기 때문에 두말할 필요가 없었다.

오래된 노트북이라면 갑작스레 꺼졌다 켜지기도 한다. 갑자기 꺼질 수도 있다는 점을 고려하여 준비하자. 개인 노트북을 한 대 준비하여 가지고 간다. 노트북이 혹시 꺼졌을 때 바로 개인 노트북을 꺼내어 발표를 이어나가면 된다. 케이블이 맞지 않는 경우까지 대비해 준비한 케이블을 찾아서 프로젝터에 바로 연결한 적이 있다. 철저하게 준비된 프레젠터라는 느낌, 전문가라는 인상을 줄 수 있다. 물론 노트북이나 포인터 등의 기기를 업체가 제공하는 제품으로 사용해도 되지만 "제가 사용하는 제품을 쓰겠습니다"라고 하면 '전문가다운 느낌'을 준다. 더 좋아할 수도 있다. 새로운 기기나 기능이 남다른 제품을 보면 신기해하기도 한다.

조명을 꺼버릴 때

모터쇼 관련 프레젠테이션이었다. 원래 발표하기로 한 곳에서 갑자기 장소가 변경됐다. 프로젝터 램프가 오래되다 보니 스크린 화면이 잘 안 보였다. 그때 뒤에 있던 임원들이 "불 좀 끄고 합시다"

라고 말했는데, 당시 큐카드를 들고 멘트를 읽어야 하는 상황이었다. 다행히 태블릿 PC를 갖고 있어서 태블릿을 보면서 멘트를 이어나갈 수 있었다.

화면이 안 보인다면서 불을 끈 일도 있다. 디자인이나 화려한 이미지 위주의 PPT인데 잘 보여야 내용이 충분히 전달되기 때문이다. 모든 프레젠테이션을 외워서 할 수는 없다. 키워드를 읽어나가면서 자연스레 말할 수 있도록 한다. PPT 페이지 오른쪽 귀퉁이에 혼자만 볼 수 있는 아주 작은 글씨로 다음 장에 해당하는 키워드를 적어놓는 프레젠터도 있다. 브리지 멘트를 잊었을 때 키워드만 보고 생각날 수 있도록 말이다.

중간에 자꾸 끊을 때

처음부터 방해하는 심사위원이 있다. 질문을 많이 던지면서 PT의 흐름을 끊는 사람들이다. 만약에 질문을 던지는 사람이 '키맨'이라면? 뭐라고 할 수 없는 상황이다. "질문은 이따 발표 끝내고 받겠습니다"라고 딱딱하게 말하면 안 된다. 딴지를 걸면서 질문을 던지는 사람들이 의외로 많다. 유연한 대처가 필요하다.

"아, 질문해주신 부분이 다음 페이지에 나오는데 그때 말씀드려도 되겠습니까?" 혹은 "뒷부분에 질문해주신 내용이 나오는데 그때 다시 상세히 질문해주시면 어떻겠습니까?"라고 정중히 말한다.

이기는 PT에는 돌발 상황 대처법이 있다

이렇게 응대하면 질문을 다시 하지 않는 경우가 태반이다.

중간에 말을 끊는 사람들이 안티일 경우가 있다. 혹은 진짜 궁금해서 묻기도 한다. 공격적인 질문을 하는 심사위원은 처음에 회사 소개를 할 때부터 딴지를 건다. "아까 첫 번째 발표한 회사도 1위라고 하던데, 여기도 1위예요? 어디가 진짜 1위인 거야?" 하면서 반감을 표시하기도 한다.

발표 시작 단계에서 공격적인 질문이 나오는 돌발 상황에 대처하기 위해 아예 "제가 먼저 발표를 10분 진행한 다음에 질문을 받겠습니다"라고 말할 수도 있다. "그럼 지금부터 발표를 시작해도 될까요?"라고 말하면 공격적인 질문이 덜 나온다.

시간을 오버했을 때

프레젠터로서 시간은 생명이다. 그런데 초반부터 질문 공세가 이어지면 시간이 부족해질 수도 있다. 이럴 때는 어떻게 할까? 공공기관에서는 시간이 초과되면 아예 종을 쳐버리면서 끝내기도 했다. 프레젠터와 팀원들이 시간 사인을 잘 주고받아야 한다. 시간이 얼마나 남았는지 사인을 명확히 보내주어야 한다. 그래야 클로징을 준비할 수 있다.

발표할 내용이 많이 남았다면, 우선순위로 꼭 전달해야 할 부분이 무엇인지, 패스할 내용이 무엇인지 미리 준비할 필요가 있다.

최소한 단 한 가지만이라도 전달할 수 있는 핵심을 강조하도록 한다. 1분만 더 시간을 달라고 양해를 구한 적도 있다. 하지만 야박하게 종을 땡 하고 쳐버리는 경우가 있었다. 마무리 멘트가 안 되었는데도 시간이 다 되었다고 끊어버렸다. 공공기관은 시간에 엄격하다. 철저하고 공정하게 심사해야 한다는 생각 때문이다.

이뿐 아니다. 원래 예상된 시간이 15분이었는데, 막상 당일에는 10분으로 줄어든 적도 있다. 20분 발표에서 10분으로, 10분에서 7분으로 시간을 줄이라고 한 적도 있다. 심지어 5분으로 줄어든 적도 있다. 20분을 준비했는데 10분만 발표해야 한다면 난감해진다. 당연히 준비한 내용을 다 전달하지 못한다. 시간을 체크하면서 어느 부분에 중점을 두어야 할지 시나리오가 이미 머릿속에 있어야 한다. 최후 발표는 프레젠터 본인의 몫이다. 전날 혹은 당일까지도 시간 변경 사항이 없는지 확인해야 한다. 또한 20분 PT, 10분 PT, 5분 PT 등 다양한 버전으로 준비해둔다. 융통성 있게 다양한 발표 시간을 준비해두는 프로다운 자세를 갖추자.

이기는 PT에는 돌발 상황 대처법이 있다

사례편

―

실패한
프레젠테이션
Top 10

'실패는 성공의 어머니'는 진부한 속담이지만 그만큼 인구에 회자된 말이다. 그런데 정말 실패한 경험이 '어머니'가 되려면 어떻게 해야 할까? 이솝 우화 중 '여우와 두루미' 이야기가 있다. 두루미를 초대한 여우는 평소 자신이 먹던 대로 평평하고 넓은 접시에 음식을 대접했다. 두루미는 먹지 못했다. 두루미는 여우의 초대에 다시는 응하지 않을 것이고, 여우는 남을 배려하지 않는 인물로 소문이 나버렸다. 목적을 제대로 달성하지 못한 실패한 관계가 된 것이다.

입찰 프레젠테이션은 경쟁이 있는 게임으로 생각할 수 있다. 이기고 지는 대상이 분명 있다. 또한 성공하는 입찰과 실패하는 입찰은 분명 차이가 있다. 성공한 입찰을 분석하는 작업뿐 아니라 실패한 입찰은 어떠한 면이 문제가 되었는지 알아보는 게 도움이 되지 않을까? 실패한 입찰을 분석하여 특징을 인지하고 있으면 지속적으로 성공률을 높일 수 있을 것이다. 실패한 입찰 PT의 원인을 살펴보자.

1. 고객의 니즈를 파악하지 못한 제안

두루미를 초대해놓고 접시에 음식을 내놓은 여우와 같다. 고객의 요구를 만족하게 하지 못하는 제안은 당연히 실패 1순위다. 명확한 솔루션을 제공하지 못했거나 원하는 요구 조건을 만족시키지 못하는 내용이다. 예를 들어 병원에 간병인 시스템을 제안하는 입찰 프레젠테이션에서 가장 중요한 요소는 '인적 관리' 부분이다. 어떻게 간병인을 최대한 확보하여 질 좋은 서비스를 꾸준히 제공할 수 있을지가 핵심이다. 그런데 제안서의 내용과 발표는 가려운 곳을 긁어주지 못했다. 간병인 업체의 실적만 자랑하거나 성과를 내세우는 것은 효과적이지 않다. '인적 관리' 부분을 명확하게 꼬집어 제시해주어야 한다. 이직률이 높은 간병인을 어떻게 관리할지, 고객의 만족을 어떻게 이끌어낼지 구체적인 방안이 필요하다. 충실도가 높은 좋은 제안서에는 고객이 원하는 답이 분명 담겨 있다. 가격을 중시하는 업체인지, 품질이나 서비스를 중요하게 여기는 업체인지 니즈를 섬세하게 파악해야 한다.

2. 판매자(업체)를 부각하는 제안서는 실패할 확률이 높다

좋은 제안서와 PT 내용에는 고객사의 이름이 자주 나오게 마련이다. 고객 입장에서 문제를 해결하려는 마음이 무의식적으로 담기기 때문이다. 고객 관점인지, 판매자 관점인지 제안서를 보면 알 수 있다. 고객이 지닌 문제를 분명 해결할 수 있다는 점을 강조하도록 한다. 또한 자신의 해결책이나 제안 내용만 강조하는 것이 아니라 고객사의 이슈를 놓고 제안한다. 우리는 어떤 상품을 구매할 때 단순히 물건만을 사는 게 아니다. 그 물건이 지닌 가치와 의미를 소비한다. 수백만 원짜리 명품백을 사는 이유는 가방의 실용성에 있지 않다. 명품 가방이 지닌 희소성을 소비하며, 자신의 가치를 소비 안에 담고 싶기 때문이다. 고객사는 해당 기업의 문제를 해결해줄 솔루션을 제안하는지에 관심을 둔다. 판매처, 수주를 제안하는 회사에 관해서는 관심이 눈곱만큼도 없다.

3. 핵심 포인트가 불명확한 제안

경쟁사와의 차별점이 분명하게 드러나야 한다. 자신의 서비스와 제품에 대해

누가 저 대신 프레젠테이션 좀 해주세요

서는 청산유수로 설명하는데 경쟁사와의 차별점은 잘 부각하지 못한다면 경쟁사의 정보가 부족하기 때문일 수 있다. 이렇게 되면 보통 가격이 저렴한 쪽을 선택하게 된다. 가치 제안이란 구매를 통해 고객이 갖게 되는 가치를 계량화해서 보여주는 전문 기법이다. 여기에는 가치가 실현되는 기간, 시간, 방법이나 도구 등을 함께 담아야 한다. 여러 경쟁사와의 차별점이 불분명하고 핵심이 전달되지 않는 제안은 선택받지 못한다. 탈락이다.

4. 구조화되지 않은 제안서

제안서의 구조화는 청중이 일목요연하게 이해할 수 있게끔 만드는 능력이다. 소개, 콘텐츠 안내표, 개요, 로드맵 등을 활용하여 제안서의 전체 구조를 알려주어야 한다. 큰 제목과 하위 제목의 목차 소개가 중요하다. 목차에 사용한 단어와 본문에 사용한 단어가 일치해야 한다. 단어가 일치하지 않으면 혼란스러워진다. 그리고 요약 능력이 중요하다. 한 챕터가 지날 때마다 간단히 정리하고 다음 챕터로 넘어가도록 한다. 심사위원이 제안서를 보고, 듣고, 읽은 후 머릿속에 전체 그림이 그려질 수 있도록 정리해야 한다. 구조화가 제대로 이루어지지 않은 제안서는 심사위원의 혼란만 가중한다. 구조화된 목차, 목차와 본문의 단어 일치, 요약정리 기법 등이 제안서에 잘 나타나 있어야 한다.

5. 과거의 실적과 이번 프로젝트의 연계성이 없는 제안서

과거의 실적과 경험은 매우 중요하다. 업체가 좋은 평가를 할 수 있는 요소이기

이기는 PT에는 돌발 상황 대처법이 있다

도 하다. 과거의 성공 경험은 분명 결정의 중요한 요소가 된다. 하지만 사업 내용과 연계되는 실적이어야만 한다. 관련 없는 요소를 자꾸만 연결해 쓸데없는 내용이라는 느낌을 주면 안 된다. 입사지원서에는 중학교 때 성적을 넣을 필요가 없다. 현재의 기능과 기술만이 중요하기 때문이다. 주장에 대한 근거로 활용할 수 있는 과거의 사례만을 선택하자. 과거의 실적이나 경험 등을 설명할 때는 사진이나 도표, 그래프, 기사 인용 등으로 신뢰감을 주어야 한다. 사람들은 보이는 것만 믿는 경향이 있다.

6. 뻔한 내용, 뻔한 이미지로 채운 제안서

A사는 1,000억짜리 수주를 위한 제안서를 만들었는데, 앞에서 200쪽 가까이 회사 소개와 자랑을 늘어놓았다. 정작 중요한 차별화된 특징이나 솔루션은 제안서 뒷부분에 별다른 비중 없이 배치했다. 제안이 되어야지, 사용 설명서 PT가 되어서는 안 된다. 고객 요구 조건에 맞지 않아 점수를 못 받는 입찰 프레젠테이션이 될 가능성이 높다. 아무리 세련되고 예쁜 이미지를 보여주는 제안서라고 해도 직접적인 문제 해결의 제안이 아니라면 효과가 떨어진다. 예쁜 얼굴이라도 계속 보면 질리는 것과 같은 이치다. 참신한 느낌이 사라진다.

7. 초보자 수준의 그래픽은 No

도표나 그래프, 박스 , 화려한 컬러나 애니메이션 기법 사용 등으로 심사위원을 사로잡고자 한다. 그런데 지루한 패턴이 계속 반복되는 그림, 별로 의미 없는 도표나 통계 자료, 핵심을 강조하지 않은 글씨 등은 제안서와의 연관성이 떨어진다. 특히 개념도가 많은 제안서에서는 도표를 해석하고 읽어내는 능력이 중요하다. 지나치게 많은 개념도나 도표 등을 사용하면 더 복잡해 보일 뿐이다. 그림만 반복적으로 나오면 그림에 대한 이해도가 떨어지기 때문에 메시지 전달력이 낮다. 최근에는 이미지 저작권이 강화되었다. 우선 저작권에 위배되는 이미지는 아닌지 살펴야 한다. 그리고 공짜 이미지 사이트에서 얻은 그림은 식상해 보이기 쉽다. 예를 들어 두 신사가 악수하는 이미지는 너무도 많이 쓴다. 지루하고 뻔한 이미지는 사용을 피한다.

8. 설명력이 떨어지는 비주얼

아무리 보아도 이해 불가능한 이미지 혹은 해석이 안 되는 도표 등은 설득력을 떨어뜨린다. 눈에 띄는 효과나 경쟁사와의 차별성 등을 드러내기 위해서는 현저한 차이를 보여줄 수 있는 그래프로 가시적인 측면을 강조해야 한다. 강조하려는 메시지를 어떻게 이미지나 도표로 표현할지 고민해야 한다.

9. 긴 주제문 사용

주제문은 본문 요약본이다. 주제문을 박스 처리하여 보여주곤 하는데 이때 장황한 문장은 읽기도 힘들다. 주제문으로 솔루션의 장점, 고객의 효용을 분명하게 보여주어야 한다. 핵심 포인트가 없는, 장황한 표현은 주제가 잘 드러나지 않는다. 다음 주제문을 보자.

이기는 PT에는 돌발 상황 대처법이 있다

"본 시스템은 기존의 사례를 철저히 분석하고 앞으로의 발전 가능성에 관한 연구를 동시에 진행하므로 개발 기간이 매우 짧고, 센서 체계와 동시에 개발되어 개발 위험이 매우 높으므로 유사 사업의 자원을 재활용해 본 시스템과 부체계 설계 및 시험평가를 위한 관련 자원을 적시에 개발, 적용함으로써 개발 기간을 단축하고 개발 위험을 제거한다."

무슨 말인지 도통 알 수가 없다. 주제문이라고 하지만 중언부언하는 문장이다. 신문 기사처럼 제목만으로도 명확하게 메시지가 전달될 수 있게 "유사 사업의 자원을 재활용해 개발 기간을 단축하고 개발 위험을 제거하겠습니다"와 같이 주제문을 작성해야 한다.

10. 멋지고 예쁜 최신 디자인의 제안서가 오히려 독!

예쁘고 멋진 제안서가 위험한 것은 심사위원의 눈을 현혹하기 때문이다. 꾸밈이나 특별한 기능이 자주 들어가 눈을 혼란스럽게 만드는 제안서는 좋지 않다. 색상을 전체적으로 제한하여 무채색 두세 가지로 결정한 다음 강조색 한두 가지를 쓰도록 한다. 눈이 피곤해지지 않도록 차분한 색상을 쓴다. 멋진 디자인보다 단순한 디자인이 좋다.

4부.

이기는 PT에는 사람을 놀라게 하기
좋아하는 성질이 있다

이기는 PT
스토리

날카로운
첫 입찰
프레젠테이션의
추억

지금은 입찰 프레젠터로서 전문성을 갖고 활동하지만 몇 년 전까지만 해도 이런 일을 하게 되리라고는 상상도 못 했다. 어릴 때부터 웅변대회나 토론대회에 나가 수상하면서 아나운서를 꿈꿨다. 실제로 대학을 졸업한 후 방송사의 아나운서가 되었다. 뉴스를 진행하고 인터뷰 프로그램을 진행하면서 정해진 틀 안에서 말하는 훈련을 했다. 그러던 중 ○○사에서 사내 프레젠터를 뽑는다는 소식을 들었다. 경쟁사에서 아나운서 준비생이 발표하니 다른 회사보다 발표가 돋보인다는 평이 많아 ○○사에서는 아예 스피치 능력이 뛰어난 아나운서 출신 프레젠터를 뽑기로 한 것이다.

　사내 프레젠터를 채용하는 ○○사 면접을 볼 때 "설득 스피치인 토론을 오랫동안 하면서 설득 스피치는 누군가의 마음을 움직여 행동의 변화를 가져오는 것이라고 배웠습니다. 기업을 대표해서 마음을 움직여야 하는 설득 프레젠테이션을 누구보다 잘할 수 있습니다"라고 말했다. ○○사에 첫 프레젠터로 소속되어 일하면서 한 해 동안 100건 이상의 프레젠테이션을 했고, 일이 많으면 월 15회, 하루에 두 번 입찰 프레젠테이션을 한 적도 있다.

맨 처음 프레젠터로 일을 갔던 때가 생각난다. 프레젠터라는 직업을 정확하게 알지 못했고 ○○사에서도 어떤 업무를 시켜야 하는지 잘 모를 때였다. 인수인계를 받을 만한 선배도 없었다. 혼자 모든 일을 창조해내고, 방법을 찾아야 했다.

첫 입찰 프레젠테이션을 한 곳은 지방에 있는 아주 작은 제약회사였다. 그곳에 구내식당을 제안하는 프레젠테이션이었다. 어떤 분위기인지 전혀 모른 채 회의실에 들어가 입찰 내용을 발표했다. 심사위원은 3~4명이고 발표 장소도 작았다. 아나운서로 일할 때처럼 풀 메이크업을 하고 속눈썹까지 붙였다. 자신만만하고 당당한 차림으로 말이다. 하지만 그날 '이게 아니구나…'라는 느낌을 절실히 받았다. 이후에 진행된 입찰 프레젠테이션의 현장은 모두 달랐다. 단순히 전달력만 좋아야만 하는 것이 아니라 회사를 대표하여 신뢰와 진정성을 보여줘야 하는 굉장히 중요한 사람이 바로 프레젠터였다. 모든 발표는 정해진 답이 있는 것이 아니라 상황에 따라 달라져야 했다. 그래서 더 어렵고 의미 있는 일이었다.

입찰이 무언지도, 입찰 프레젠테이션이 무엇인지도 제대로 모른 채 일을 시작했다. 시간이 흐르면서 경험과 능력이 차곡차곡 쌓여갔다. 입찰 프레젠터가 되고자 하는 분들은 최소한 입찰이 무엇인지 혹은 입찰 계약 과정이 어떻게 이루어지는지 알아야 하지 않을까?

　과거의 입찰은 주로 절차에 따라 서면을 통해 이루어졌다. 일정한 절차에 따라 희망자들이 서면에 내용을 표시하고 타인이 볼 수 없도록 봉인해서 입찰 시행청에 제출하면 즉석에서 공개 개봉하는 형태로 진행했다. 국가나 공공단체, 정부 투자 기관 등의 계약에서 기회 균등, 공정성, 경제성 등을 확보하기 위함이었다.

　입찰의 종류에는 일반경쟁 입찰계약, 제한경쟁 입찰계약, 지명경쟁 입찰계약이 있다. 일반경쟁 입찰계약은 신문이나 게시물 등으로 공고를 내어 불특정 다수의 희망자를 경쟁에 참여하게 하고 가장 유리한 조건을 제시한 자와 계약을 체결하는 방법이다. 반면 제한경쟁 입찰계약은 참가자의 자격에 제한을 둔다. 지명경쟁 입찰계약은 계약 담당 공무원이 자력·신용 등에서 적당하다고 인정하는 특정 다수의 경쟁 참가자를 지명한다. 이러한 입찰 방법으로 낙찰자를 결정한 뒤 낙찰된 자와 계약을 체결한다. 공공기관이나 기업에서는 일반경쟁보다는 주로 제한경쟁 혹은 지명경쟁을 활용하는 편이다.

　이제는 많은 기업이나 공공기관이 공정성을 위해 경쟁입찰에 부쳐서 사업 계약을 체결한다. 자본주의 경쟁 사회의 자연스러운 현상일 수도 있다. 입찰 프레젠테이션에 따른 경쟁은 획일적인 사고에 따른 지시 명령 형태가 아니라 다양한 사고를 수렴하게 한다. 제안된 의견을 통해 창의적인 사업을 일구어나갈 수 있는 장점이 있다. 최근에는 입찰 프레젠테이션을 전문으로 하는 사람들도 조

이기는 PT에는 시크릿 노하우가 있다

금씩 생겨나고 있다. 관련 분야나 전문 직종이 아니라면 입찰 프레젠테이션 분야를 모르는 게 당연하다. 대부분의 프레젠터 역시 자신이 경험해보기 전에는 전혀 몰랐던 분야일 것이다. 입찰 프레젠테이션의 역사는 길지 않기 때문이다.

기업마다 경쟁이 과열되고 유사 상품이 쏟아져 나온다. 경쟁은 점점 더 심해지고, 투명한 절차가 강조되는 입찰 분야에서 과거에는 서류로만 심사했던 부분이 프레젠테이션 형태로 바뀌고 있다. 사업에서 금액이 큰 영향을 끼치면 '입찰'이라는 용어를 주로 쓴다. 금액 단위가 클 때다. 또한 어떤 사업을 따냈다는 의미로는 '수주'라는 용어를 쓰는 편이다. 보통 입찰 프레젠테이션이라고 하지만, 산업군에 따라 수주 혹은 경쟁 프레젠테이션이라는 용어를 쓰기도 한다.

다만 제안 프레젠테이션은 조금 다른 의미로 사용된다. 발주처에서 공고를 내면 직접 사업을 제안하는 것이다. 경쟁 상대가 있는 프레젠테이션은 아니지만 차별성이나 성공 가능 여부에 따라 제안을 판단한다. 입찰 PT는 경쟁으로 붙게 되는 경우지만, 제안 프레젠테이션은 공고가 나기 전에 사업의 가능성을 제안하는 형태라 할 수 있다. 말 그대로 제안이므로 그 제안이 받아들여질 수도 있고 폐기될 수도 있다. 제안이 독창적이거나 특별하지 않으면 잠정 보류되거나 말로 끝나는 경우가 많다.

이렇듯 입찰 프레젠테이션은 일반 프레젠테이션과 완전히 다르다. 판매 혹은 수주에 목적이 있는, 철저한 평가와 결과가 있는 말하기다. 청중은 대부분 심사위원이나 사업을 의뢰한 곳, 갑의 위치에 있다. 완벽한 준비와 연습 없이는 쉽지 않다. 철저한 프로 의식으로 임해야 한다.

입찰 프레젠테이션
분야는
천차만별

입찰 프레젠테이션의 분야는 천차만별이다. 사회에 존재하는 모든 사업군에 해당한다. 과거에는 입찰 프레젠테이션까지 진행하지 않고 서류 심사만 했던 부분까지도 점차 확대되고 있다.

식품 분야를 예로 들면 예전에는 구내식당과 푸드코트만 입찰 프레젠테이션을 진행했다. 구내식당 업체만 입찰 프레젠테이션으로 결정한 후 식자재는 자율적으로 결정했다. 하지만 이제는 가격으로만 결정하던 식자재까지도 입찰 프레젠테이션을 할 정도로 확대되고 있다. 앞으로 점차 다양한 분야, 세분된 직종으로 입찰 프레젠테이션의 길이 열릴 것으로 예측된다.

대표적인 입찰 프레젠테이션의 분야는 건설, 방위산업, 급식, 교육, 축제, 전시, 자동차, 게임, 기계, 인테리어, 대회, IT, 여행, 홍보인쇄, 홍보 등 다양하다. 작게는 몇천만 원부터 크게는 조 단위 규모의 사업도 있다. 한 회사의 사업을 좌지우지하는 것이 바로 입찰 프레젠테이션이 될 수 있다. 철저하고 신중한 자세로 프레젠테이션에 임해야 한다. 입찰 프레젠터가 되고자 하는 사람들은 준비와 함께 기회를 만들어나가면 좋겠다.

이제 프레젠테이션을 할 때면 "혹시 아나운서를 해보시는 게 어떠세요?"라는 말을 듣는다. 이런 말이 좋다. 전직 아나운서에게 '아나운서를 해보시라'는 말은 우스울 수 있다. 이 말이 뜻하는 바를 뒤집으면 업체 직원으로 보이는데 프레젠테이션을 잘한다는 뜻 아닌가. 그만큼 프레젠터로서 전문성도 갖추었고 여유까지 보였다는 뜻이다.

물론 매번 새로운 입찰 프레젠테이션은 경쟁에서 이겨야 한다는 부담감도 크다. 때로 전혀 모르는 분야를 접하면 난감해지기도 한다. 입찰 분야의 특성상 지금까지 똑같은 분야는 하나도 없었다. 교육 업종이라도 사업이 천차만별 모두 다르다. 축제를 기획하는 입찰 역시 작년과 올해의 콘셉트가 다르고, 예산이 다르고, 장소도 다르다. 심지어 암기 과목 시험공부를 하듯 전날까지 준비해야 할 때도 있다. 그렇지만 한 건의 프레젠테이션을 완벽하게 해냈을 때의 쾌감은 이루 말할 수 없다.

5분, 10분의 짧은 발표, 대충 해도 그만이라고 생각할 수 있을까? 전혀 그렇지 않다. 프레젠터를 고용한 업체는 다음 해 사업 전체가 결정될 수도 있다. 심지어 성공 여부에 따라 해당 기업의 생사가 결정되기도 한다. 입찰 프레젠터는 발표만 대신 해주는 프레젠터와는 질적으로 다르다.

입찰 프레젠테이션이 무엇인지도 제대로 모른 채 무작정 뛰어들었던 초반의 무모한 경험. '무식하면 용감하다'고 하지 않는가. 도전으로 얻은 결과에 대한 만족감은 다른 어떤 일보다 크다. 발표를 마치고 "발표 정말 잘하시네요. 얼마나 연습하신 건가요?"라는 말을 듣거나 담당자로부터 "발표 덕분에 순위가 바뀌었다" "아쉽게 떨어졌지만 발표는 우리가 제일 좋았다고 한다"라는 말을 들을 때 가장 보람이 크다. 그동안 얼마나 많은 사람이 이 사업을 따내기 위해 노력해왔는지 알기 때문에, 그 노력에 누가 되지 않기 위해 맡은 일은 욕심껏 꼭 수주해내겠다는 생각으로 임한다. PT를 의뢰하는 업체는 프레젠터를 고용할 때 대신 발표해줄 사람으로 계약한다. 하지만 프레젠터의 역할을 뛰어넘어 나와 계약한 이 업체가 꼭 사업을 따내어 좋은 결과가 있으면 좋겠다는 생각으로 끝까지 온 힘을 기울여 준비한다. 진짜 경쟁력 있는 프레젠터가 되려면 '꼭 해낼 거다, 사업을 따낼 거다, 이 일은 내 거다'라는 마음으로 해내야 한다.

누가 저 대신 프레젠테이션 좀 해주세요

입찰
프레젠테이션 실록

아나운서나 쇼호스트, MC, 강사와 같이 말하는 직업군에 있다면 입찰 프레젠테이션 의뢰를 받은 경험이 한두 번쯤 있을 것이다. 보통 "말을 잘하시니, 저희 대신 이것 좀 읽어주세요"라고 의뢰가 들어온다. 그런데 말을 잘하는 사람도 입찰 프레젠테이션을 맡으면 어떻게 미팅을 하고 어떻게 전달해야 하는지 막막해질 수 있다. 호의적인 청중만 상대하다가 얼음판인 분위기에 놀라 입찰 프레젠테이션은 못 하겠다고 하는 사람도 있다.

입찰 프레젠테이션은 절대 개인의 역량만으로 할 수 있는 일이 아니다. 철저한 팀워크로 이루어져야 하는 일이다. 예를 들어 입찰 PT는 시간이 자주 바뀌거나, 심지어 날짜가 미뤄지거나 앞당겨지는 일이 종종 생긴다. 키맨인 사장님의 스케줄에 따라 쉽게 변동된다. 입찰 PT를 하는 날짜에 맞추어 프레젠터의 스케줄도 정해진다. 하지만 날짜나 시간이 갑작스럽게 바뀌면 프레젠터의 스케줄

이기는 PT에는 시크릿 노하우가 있다

과 맞지 않아 일을 맡지 못하는 상황이 생긴다. 이러한 경우가 매우 잦기 때문에 팀으로 움직이는 프로세스가 중요하다.

업체와 미팅할 때부터 2~3명이 함께하는 이유가 그래서다. 발표 날짜가 바뀔 때 1인 프레젠터만 있다면 곤란해진다. 혼자서 10년 넘게 입찰 프레젠터를 하면서 어려움이 많았다. 함께할 수 있는 사람들과 회사를 꾸려야겠다는 생각이 많이 들었다. 여러 명의 프레젠터가 협업하면 장점이 많다. 여러 분야의 전문가가 있어 어떤 분야의 입찰 계약에서도 당당하게 준비할 수 있다.

'이기는PT'는 미팅을 최소한 3차 실시하고 리허설을 한다. 첫 번째 미팅을 하면서 전체적인 프로세스를 설명한다. 제안 규모나 발표 상황에 따라 미팅 횟수를 조절한다. 금액도 조절 가능하다. 프레젠터의 실력에 따라 차등을 두기도 하고 제안 규모에 따른 변동도 있다. 업체 담당자를 만나서 보안 유지 각서와 함께 프레젠터 계약서를 작성한다. 사업 내용의 설명을 듣고, 자료를 공유하면서 충분히 숙지하도록 한다.

2차 미팅은 어떤 질의응답이 있을지 공부를 충분히 해서 예상 질문을 준비하는 것이 목적이다. 담당자의 답변을 들어보고 담당자가 답변을 어떻게 하는지 스킬도 연습한다. 또한 발표 당일 누가 답변을 맡을지 역할도 정한다. 입찰 당일 현장에 투입할 수 있는 인원이 보통 3명 정도라면 어떤 식으로 역할을 맡을지 정해두어야 한다. 당일 현장에서 알아서 해보겠다는 식으로 안일하게 처리하면 안 된다. 우왕좌왕하거나 답변이 중구난방 이루어질 수 있다.

3차 미팅에서는 리허설을 한다. 예상 질문에 실제로 답변해보고, 수정할 부분을 체크한다. 상품을 심사위원에게 보여주어야 한다면 누가 전달하고 수거할지도 결정한다. 임무를 나누고 호흡을 맞추어 연습하는 것이 세 번째 미팅에서 할 일이다. 리허설은 발표 전 최종 단계다. 그렇기에 최대한 발표하는 현장과 비슷한 곳에서 연습하도록 한다. 리허설 없이 입찰에 들어가면 긴장하고 떨려서 실력을 제대로 발휘하지 못한다. 또한 프레젠테이션 당일에 어떤 의상이나 소품을 사용할지 의논한다(그 회사의 BI 컬러로 통일감을 주는 방법도 있다).

　　PT가 끝나고 나면 당일 발표한 내용의 녹음 파일을 전달하고, 질의응답 시 받은 질문 내용과 피드백을 전달한다. 철저히 의뢰한 회사의 입장에서, 아니 '내 회사'인 것처럼 여기면서 발표 준비를 한다. 미팅을 하면서 서로 호흡을 최대한 맞추어가는 과정을 거치기 때문에 신뢰감이 쌓인다. 현장을 압도하기 위해 모든 제안 내용을 100% 숙지한다.

　　지금껏 '이기는PT'는 이처럼 입찰 프레젠테이션을 철저히 준비하여 1조 5천억 원 이상의 사업을 수주했다.

이기는 PT에는 시크릿 노하우가 있다

전문 프레젠터에 대한 오해와 진실

누구나
전문 프레젠터가
될 수 있다?
없다?

부모님은 아직도 내가 사람들 앞에서 발표하는 일을 한다는 사실을 믿지 못한다. 어릴 때부터 내성적인 성격이어서, 앞에서 발표하는 일과는 거리가 멀었다. 태권도 선수부터 화가, 클라리넷 연주자 등 관심 있는 직업 모두 말하기와는 가깝지 않았다. 심지어 남들은 제2외국어로 일본어, 독일어, 불어를 선택할 때 서울말을 선택할 만큼 사투리도 심했다. 사투리를 고치기 위해 6개월 동안 하루에 뉴스 대본을 100장씩 따라 말한 기억이 난다. 100장의 대본에는 숫자가 없고 한글만 있었다. 그런데 실제 발표 중 숫자를 읽다가 사투리가 나와서 1년 동안 부끄러웠던 적도 있다.

성격을 바꾸려고 대학에서 처음 마이크를 잡았고 행사 MC를 했다. 입찰 프레젠터로 활동을 시작한 시기가 바로 그때였다. 행사 MC를 본 기업에서 신제품 발표를 맡겨주었고, 자연스레 입찰 프레젠테이션 의뢰까지 이어졌다. 프레젠터가 되겠다는 목표를 갖고

221

계획하며 시작한 것은 아니다. 입찰 프레젠테이션은 딱히 어떤 학력, 경력의 조건이 필요하지는 않다. 그런 점에서 누구나 할 수 있다. 그러나 모든 사람이 프레젠터로 잘할 수 있는 건 아니다.

입찰을 위한 제안 프레젠테이션을 해야 하는 기업은 매번 발표자 선정을 놓고 실랑이를 벌이곤 한다. 대부분의 회사에서 말 잘하는 직원이 발표를 도맡아 한다. 큰 기업은 아예 전문 프레젠터를 고용하기도 한다. 이마저도 안 되면 상사가 "이번에도 지난번에 했던 최 대리가 하지!"라고 지명해서 울며 겨자 먹기로 진행하는 경우도 있다.

발표에 대한 두려움이 모든 사람에게 존재한다. 대중 앞에서 하는 발표는 말 잘하는 사람이 해야 한다는 생각이 지배적이다. 하지만 최근 입찰 프레젠테이션을 보면 발주처의 '실무 담당자'를 발표자로 지정하는 사례가 늘고 있다. 말을 잘하는 사람만 원하는 게 아니다. 전문 프레젠터보다는 현장을 책임질 담당자를 통해 신뢰성과 진정성을 살펴보고자 하기 때문이다. 평소 프레젠테이션 경험이 전혀 없는 실무 담당자의 요청으로 프레젠테이션 코칭을 한 적이 있다. 처음에는 어려움이 많았지만, 누구보다 내용을 잘 알고 있기 때문에 스피치 요소를 보완하니 오히려 진정성이 돋보였다. 꾸준한 연습으로 자신감이 더해지자 발표를 마친 후 박수를 받았고 결과적으로 수주에 성공했다.

전문 프레젠터로 회사에서 발표를 담당했지만 내가 생각하는 최고의 프레젠터는 담당자다. 아무리 화려한 기술로 발표를 잘한다고 하더라도 발표의 내용을 담당자만큼 잘 알 수는 없기 때문이다. 그럼도 아는 만큼 보인다고 하지 않는가? 프레젠테이션도 다르지 않다. 회사의 사업을 깊이 이해하고 온전히 내 것으로 소화해야 한다. 그러면 부자연스러운 표정, 태도, 목소리가 사라지고 확신하는 눈빛으로 온전히 '나의 일'이라는 느낌을 줄 수 있다. 준비를 완벽히 해내면 발표 내용에 자신이 생기기 때문이다.

내가 가장 자신 있는 입찰 분야는 아무래도 예전에 한 업무와 연결되는 일이다. 과거 인테리어 영업을 해본 경험이 있어서 건축, 실내 디자인, 설계 등의 분야는 용어도 익숙하고 사업 내용을 준전문가 수준으로 이해한다. 충분히 내용을 숙지한 건축 관련 입찰 프레젠테이션은 성공률이 매우 높았다. 축제나 행사 MC를 오랫동안 해본 경험도 마찬가지다. 입찰 분야 중 행사나 축제를 담당할 업체를 선정하는 프레젠테이션에서는 결과가 좋았다. 경험치가 이미 충분하기 때문이다.

이제 단순히 말을 잘하는 사람을 발표자로 선정할 것이 아니라 더 전략적으로 고려할 필요가 있다. 평창동계올림픽을 유치하려고 경합하던 당시 다양한 유형의 프레젠터를 연단에 세웠다. 《나승연의 프레젠테이션》(21세기북스, 2012)에는 그런 프레젠터가 좋은 결과를 이끌어낸 사례가 나온다. 정치적인 연설에 익숙한 정치인도 있다. 스포츠 마케팅의 핵심을 전달하는 전문 마케터도 있었다. 대중 앞에서 연설해본 경험이 없는 운동선수도 프레젠터를 할 수 있다.

물론 나승연 대변인처럼 전직 아나운서 및 전문 프레젠터도 있다. 이성적이고 논리적인 스피치에는 나승연 프레젠터와 같은 전문가가 적합하다. 반면 감성적인 스피치에는 김연아 선수와 같은 전·현직 스포츠 선수가 더 설득력이 있다.

경쟁 프레젠테이션에서 성공하려면 청중인 '심사위원'의 의도를 잘 파악해야 한다. 직급 구분 없이 20명 이상이 무작위로 참석해서 투표로 결과가 정해질 수도 있고, 임원진으로만 심사하는 경우도 있다. 앞에서 말한 것처럼 일부러 실무 담당자가 직접 발표하라고 요구하기도 한다. 심사 의도에 따라 제안의 포인트와 전달 방식도 달라져야 한다. 예를 들어 무작위 투표로 심사하겠다면 전문적으로 전달하기보다 폭넓은 호응을 이끌어내는 것이 중요하다. 임원진만 심사하겠다면 경영자 관점에서 더욱 명확한 청사진을 제시할 수 있어야 하고, 실무 담당자의 프레젠테이션을 요구했다면 발표의 현란함보다 담당자의 진솔함과 진정성에 초점을 두어야 한다.

평창동계올림픽의 김연아, 월드컵 유치 당시의 박지성 두 사례를 통해 알 수 있듯이, 이제 프레젠테이션은 말 잘하는 전문가만의 고유 영역이 아니다. 프레젠테이션의 심사 의도가 진정성과 진솔함, 열정으로 점점 옮겨 가고 있기 때문이다. 자신의 스피치 특성을 정확히 이해하고, 평소에 연습을 통해 업무를 자신 있게 표현할 역량을 키워둔다면 누구든 전문 프레젠터가 될 수 있다.

입찰 프레젠테이션,
자신만의
개인기 만들기

야구라는 스포츠에서 투수가 차지하는 비중은 매우 높다. 좋은 투수를 보유한 팀은 강한 팀으로 거듭난다. 야구의 오랜 역사만큼 투수가 던지는 구질도 점차 늘어났다. 구질이란 야구 경기에서 투수가 구사하는 투구의 종류를 가리키는 말이다. 구질은 투수의 신체 구조와 투수가 공을 던지는 속도와 회전 방향, 공의 궤도가 휘어지는 종류에 영향을 받는다. 투수가 던지는 스타일에 따라 패스트볼, 커브 볼, 슬라이더, 체인지업 등의 구종이 달라진다. 이를 통해 경기의 승패를 가늠할 수 있다.

프레젠테이션과 야구는 무슨 관계일까? 야구의 구종이 12가지가 넘는다고 하는데 사실 모든 선수가 다양한 구종을 구사할 수는 없다. 한두 가지의 구종만 강점으로 만들어도 충분하다. 투수는 주특기를 만들어가게 마련이다. 야구 선수가 하나의 구종, 자신만의 구질로 승부를 거는 일처럼 프레젠터에게도 자신만의 강점이 필요하다.

경쟁 프레젠테이션에서는 일정이 갑자기 생기거나 변경되는 경우가 빈번하다. 심지어 하루 전날 프레젠테이션이 잡히기도 한다. 성격은 좀 다르지만 직장 생활에서도 갑자기 보고를 해야 할 때, 중요한 회의가 생겨 급히 발표를 준비해야 하는 경우가 있다. 준비가 안 되어 있는 돌발 상황은 언제든 생길 수 있다. 이럴 때는 과연 어떻게 준비해야 할까? 수십, 수백억 단위의 경쟁 프레젠테이션을 담당하는 전문 프레젠터로서 노하우를 밝히면 답은 의외로 간단하다. 바로 연습! 연습! 연습이다. 시시한 답일 수 있다. 하지만 투수가 하나의 구종만을 끊임없이 연습해 자신만의 구질을 만들듯이, 프레젠터 역시 반복된 자신만의 구질을 훈련해야 하는 것이다.

자연스러운 발표를 위해서 항상 대본을 써서 외우듯이 연습해야 할까? 지인 중에 책을 쓰고 동영상 강의를 촬영하게 된 분이 있었다. 한 인터넷 서점의 동영상 강의였는데 강의를 해본 경험이 한 번도 없다면서 걱정했다. 고민 끝에 강의 대본을 써서 30분간 말할 내용을 그대로 외우는 방법을 택했다. 매일 강의 대본을 들고 다니면서 읽고 또 읽었다. 휴대폰에 녹음해서 듣고 또 들었다. 자동차 안에서, 화장실 안에서도 연습했다. 똑같이 달달 외우려고 애썼다. 그런데 결국은? 동영상 강의는 실패했다. 30분짜리 대본조차 완벽하게 외우지 못했기 때문이다.

단기간에 자연스러운 발표를 준비하는 몇 가지 방법이 있다.

첫 번째 방법은 '대본을 써서 외우지 않는다'다. 프레젠테이션

누가 저 대신 프레젠테이션 좀 해주세요

역시 '말하기'다. 말은 자연스럽게 흘러나와야 한다. 말하기와 쓰기는 전혀 다르다. 실수하지 않기 위해 대본을 써서 그대로 외울 경우, 한 문장만 꼬이면 당황해서 발표 전체를 망칠 수 있다. 대본보다는 슬라이드마다 중요한 메시지를 한 문장씩 요약해 흐름을 정리하는 편이 낫다. 중요한 키워드만 머릿속에 그려놓으면 된다. 대본을 꼭 써야 한다면 평소에 쓰는 말투를 살려 구어체로 작성해야 그나마 실수가 적다. 대본으로 연습한다고 하더라도 시작할 때 한두 번 정도만 참고한 다음에는 대본에 의존하지 않고 연습하는 것이 좋다. 대본을 외우는 식의 연습은 좋은 방법이 결코 아니다. 방대한 내용을 다 외우는 일은 불가능에 가깝다.

두 번째 방법은 '틀려도 처음부터 끝까지 연습한다'다. 프레젠테이션에서 시간은 금이다. 발표 시간을 지키지 못하는 발표자는 좋은 인상을 얻기 어렵다. 아무리 발표를 잘한다고 하더라도 시간을 정확하게 지키지 못하면 점수가 떨어진다. 처음부터 시간을 재면서 연습하고, 틀리더라도 중간에 멈추지 말고 끝까지 연습해야 단시간에 자신이 소화할 적절한 길이의 발표 내용을 숙지할 수 있다. 틀렸다고 중간에 끊고 처음부터 연습하는 식으로 반복하다 보면 중간을 넘어가지 못한다. 끝까지 연습하고, 다시 처음부터 시작하기를 반복한다.

세 번째 방법은 '발표와 제스처를 함께 연습한다'는 점이다. 청중은 발표 내용을 보기 전에 발표자를 먼저 보고 전체적인 인상이나 느낌을 갖게 된다. 발표자가 어색해하고 경직되어 있으면 청중은 불안감을 느끼게 마련이다. 자연히 발표에 대한 집중도가 떨어지게 된다. 조급한 나머지 내용에만 신경을 쓰면 전체적인 발표가 어색해진다. 편안한 프레젠테이션이 되지 못한다. 거울 앞에 서서 발표장이라고 가정하고 처음부터 제스처를 쓰며 연습하자. 손짓이나 몸짓 등을 말과 함께 연습한다. 이렇게 하면 짧은 시간에 좀 더 자연스러운 모습을 보일 수 있다. 프레젠테이션은 결국 몸으로 익혀야 하는 일이다. 절대 머리로만 외울 수가 없다. 손과 입과 몸이 함께 움직이는 언어다. 준비 시간이 길든 짧든 간에 실전처럼 내 손과 입에 익숙해지게 하는 '연습'보다 나은 처방은 없다.

야구 투수가 특기가 될 수 있는 자신만의 구질을 연습하듯이 프레젠터로서 연습해보자. 10가지가 넘는 구종을 모두 완성해야 최고의 투수가 되는 게 아니다. 하나의 구종만 제일 잘 구현하면 된다. 최고의 프레젠터가 되는 길. 자신만의 연습 방법을 찾아 연습하고 또 연습한다.

누가 저 대신 프레젠테이션 좀 해주세요

입찰 금액의
몇 %
받나요?

강사, MC, 아나운서, 쇼호스트, 라디오 진행자, 리포터, 전화 상담원, 연기자.

이들의 공통점은? 모두 말하기로 밥벌이를 하는 사람들이다. 강사나 아나운서는 정보 전달을 목적으로, 쇼호스트는 판매와 설득을 목적으로 말하는 사람이다. MC는 청중과 호흡하며 분위기를 이끌어낸다. 입찰 프레젠터는 어떨까? 어찌 보면 가장 짧은 시간 동안 발표하는 일이다. 짧게는 5분, 길게는 15~20분 정도의 시간이다.

보통 입찰 프레젠테이션은 의뢰받은 업체에서 건당 정해진 계약금을 받는다. 성공하면 성공 보수를 받는데 100~200% 등 입찰 금액에 따라 성공 보수도 달라진다. 15분 내외의 발표라고 생각하면 지나치게 높은 보수로 여겨질 수 있다.

그러나 자세히 들여다보면 꼭 그렇지만은 않다. 5분이라는 짧은

이기는 PT에는 시크릿 노하우가 있다

시간의 프레젠테이션. 스트레스 강도는 어떨까? 20년 동안 모 기업에서 사내 강사로 일한 경력이 있는 K 프레젠터는 "강의하는 일보다 몇 배는 고되고 힘든 작업입니다. 처음에는 성공 보수가 높다고 여겼지만 그건 일의 강도를 몰라서 하는 말입니다"라고 얘기한다. 입찰 프레젠테이션의 '노동 강도'가 강연보다 세다고 느끼는 것이다.

발표 시간은 길지 않지만 그 해당 업체의 회사 직원처럼 준비하려면 공부해야 할 것들이 많다. 회사에 대해서도 완벽히 숙지하고 사업의 배경 지식도 알고 있어야 한다. 역사, 현황, 경쟁 업체, 사업의 특징 등 전문가 수준 이상으로 충분히 알아야 한다. 기본적 배경 지식 공부부터 시작해 스토리 라인을 짜서 발표 준비를 하고, 외운 다음 질의응답까지 준비해야 하는 일이다. 5~10분이라는 시간은 오히려 부담된다. 실수하더라도 만회할 기회가 없다. 잘못했다고 '다시 하겠습니다'라고 할 수 없다. 한 번뿐인 기회다.

강연이나 행사처럼 청중이 많다면 부담감이 조금 덜할 수도 있다. 말하기 경험이 많은 사람들은 청중이 많은 곳에서 말하는 게 오히려 편하다고 한다. 강의를 자발적으로 들으러 오는 사람들은 긍정적인 마인드다. 강사가 어떤 이야기를 해도 호응이 좋고 반응이 빠른 편이다. 하지만 입찰 프레젠테이션의 청중은 심사위원이다. 소수의 사람이 심사위원으로 참여한다. 적게는 5명에서 많게는 20명 정도의 인원을 놓고 발표한다. 긍정적인 청중은 기대할 수 없다. 대부분 적대적이고 반감을 품은 청중이라고 생각하면 된다.

누가 저 대신 프레젠테이션 좀 해주세요

당연히 발표의 강도는 세진다.

　MC, 쇼호스트, 아나운서, 강사 등 다양한 경험을 해왔는데 그중에서도 프레젠터가 가장 힘들지만 짜릿한 일이라고 느낀다. 결과에 대한 만족도가 높은데, 그만큼 강도 높게 준비해서 한 건을 해내면 쾌감이 크기 때문이다. 돈을 떠나 정말 열심히 노력한 데 따른 보상이라고 여겨진다. 때론 성공 보수로 주어지는 금액이 적다는 생각도 든다. 다른 일보다 연습하고 준비하는 데 시간과 노력을 훨씬 많이 들이기 때문이다.

　그렇다면 프레젠터에게 정년은 있을까? 프레젠터는 '정년 없는 연금 같은 수익'을 주는 일이라고 말하고 싶다. 신뢰도 있는 발표를 위해 해당 업체의 사장님이나 임원급을 프레젠터로 원하는 곳이 점점 늘고 있다. 일반 사원이나 직원이 입찰 프레젠테이션을 하는 경우는 드물다. 그렇다면 나이가 지긋한 50~60대의 프레젠터도 가능하다. 사장님이나 임원급으로 프레젠테이션할 수 있는 '외모'와 '연륜'이 되기 때문이다.

　고소득 직종이라는 이유만으로 프레젠터에 도전하는 사람들은 쉽게 실망하거나 고된 일이라 여길 수 있다. 높은 보수만이 일의 전부는 아니다. 성공 경험을 쌓고 자신의 가치를 한층 업그레이드하는 일에 관심 있는 사람, 특히 도전의식이 있는 사람에게 프레젠터가 맞지 않을까? 말만 잘해서는 안 되는 일이 프레젠터다. 자신이 알고 있는 지식을 잘 전달하고 끝나는 말하기가 결코 아니다. 판매나 영업과도 다르다. 진행자나 아나운서와도 다르다. 분위

이기는 PT에는 시크릿 노하우가 있다

기를 파악하는 것부터 전문적인 내용을 숙지해야 할 뿐 아니라 적대적인 청중을 내 편으로 만들어 수주를 이루어내는 능력. 보이지 않는 온갖 기술이 필요하다. 어쩌면 입찰 프레젠테이션은 말하기의 최종 경지에 해당하는, 전문적이고 섬세한 분야가 아닐까 생각한다.

누가 저 대신 프레젠테이션 좀 해주세요

상황별
스토리
Yes or No

나 회사 대표야
– 심사위원 혼내는
대표님 No

입찰 프레젠테이션은 중요한 비즈니스 파트너를 선정하는 자리다. 대표가 참석한다면 신뢰감을 줄 수 있다. 거기다 대표가 직접 프레젠테이션한다면 청중이 매우 호감을 느끼고 신뢰감을 갖게 된다. 프레젠테이션까지 잘한다면 더할 나위 없이 좋다. 다만 유의할 사항이 몇 가지 있다. 다음은 실제로 업체 대표가 프레젠테이션에 들어갈 때 많이 발생한 문제 유형을 모아놓은 것이다.

간절하다 못해 비굴해지는 대표님 No

회사의 사활을 걸 만큼 중요한 프레젠테이션이다. 경쟁에서 반드시 이겨야 한다. 회사 대표는 누구보다 간절한 마음으로 발표에 임한다. 대부분 1~2년 계약을 하거나 큰 사업으로 성과가 날 수 있기 때문에 성사시키고 싶은 의지가 강하다. 목숨 걸 정도로 절실한 마음이 전달되는 건 좋다. 하지만 연애에서 더 많이 좋아하는 사람이 손해라는 말이 있듯이, 간절함이 너무 커서 비굴해지는 것은 지양하자. 희귀하고 특별한 작품이 경매가가 높다.

간절함은 정말 중요하다. 내용의 차별성과 발표도 중요하지만 사람과 사람이 하는 일을 결정하는 순간에 진심이 작용한다. 결정은 이성이 아닌 마음과 감성으로 이루어진다. 그렇기에 간절함이 너무 커져 자칫 비굴하게 보일 수 있다.

한번은 프레젠테이션의 질의응답 시간에 회사 대표와 함께 답변을 했다. 그런데 그 대표는 "뽑아주시기만 한다면 이 회사에 제 뼈를 묻겠습니다"라고 발언했다. 그뿐만 아니다. 시켜만 준다면, 뽑아만 준다면 무조건 하겠다는 말만 초지일관 강조했다. 물론 간절한 순간이지만 우리 회사에, 우리 제안 내용에 자신이 있다면 간절함과 함께 자부심을 드러내야 하지 않을까? 범접할 수 없는 능력, 독보적인 경쟁력 등을 지닌 업체가 '무조건 뽑히기만 한다면'이라고 말하며 비굴해지는 곳보다 믿음직해 보인다. 특히나 회사 대표라면 그런 말을 할 바에는 말을 아끼는 게 낫다. 오히려 말보다는 책임지고 이행하겠다는 약속으로 신뢰성을 보여야 할 것이다.

심사위원을 혼내는 대표님 No

입찰 프레젠테이션에서는 공정성을 기하기 위해 심사위원을 외부
에서 초빙하는 일이 다반사다. 회사 직원 중에서 차출되어 참석한
다고 하더라도 사업 내용을 잘 모르는 타 부서의 직원이 심사위원
으로 들어오는 경우가 있다. 곁에서 보기에는 사업 내용도 모른 채
심사위원으로 들어오는 것이 이상하게 느껴질지 모르지만 현장에
서는 그렇지 않다. 객관성과 투명성을 높이기 위한 처방이라는 면
에서 말이다. 예를 들어 제안 설명회나 미팅 시 '중요한 이슈'를 전
달하려고 발표 자료에 넣은 후 발표에서 강조했다. 그런데 중요한
이슈의 배경을 모르는 심사위원은 "그 자료는 왜 넣은 겁니까?"라
고 물을 수 있다. 내용 중 일부를 생략하고 발표했는데 "생략한 자
료는 왜 뺀 겁니까? 중요한 내용 아닌가요?"라고 질문한 경우가
실제로 있었다.

　발표자에게는 매우 당황스러운 상황이다. 입찰을 제안하는 업
체는 사업을 누구보다 잘 알고 오랫동안 운영해왔다. 그런데 실제
현황을 잘 모르고 질문하는 심사위원들 때문에 흥분하는 대표가
있다. 직원들이 몇 날 며칠 밤을 새우며 고생한 걸 알기 때문에 강
한 어조로 답변을 하기도 한다. 심사위원은 일부러 곤란한 질문을
하기보다 내용을 진짜 몰라서 질문할 수 있다. 배경 지식의 수준이
다르기 때문이다.

　이때 잊지 말아야 할 중요한 사실이 있다. 프레젠테이션은 평가

이기는 PT에는 시크릿 노하우가 있다

받는 자리이지, 평가하는 자리가 아니다. 흥분하거나 청중을 혼내기보다는 자초지종을 차분히 설명해야 한다. 심사위원들의 기분을 상하게 한다면 좋은 점수를 받기 어렵다.

혹시나 자초지종을 설명하기 어렵다면 프레젠테이션을 마치고 담당자에게 그 부분을 해명해주길 부탁하는 것도 한 방법이 될 수 있다. 토론이나 대화에서는 '흥분하는 사람이 진다'는 말이 있다. 프레젠테이션에서 심사위원을 혼내거나 흥분하는 것은 금물이다.

말 많은 대표님 No

어느 회사에서 부하 직원들에게 굉장히 존경받고 일 잘하기로 소문난 팀장님이 있었다. 질의응답 시간에도 답변을 잘해서 발표에 함께 들어가면 늘 든든하게 여기던 분이었다. 그런 분이 발표까지 하면 더 좋지 않을까 생각해서 직원들에게 물어봤다. 그런데 그 팀장님이 젊을 때 발표를 시켜봤는데 부작용이 컸다고 한다. "말이 너무 많아서 발표 시간 맞추는 게 여간 고생이 아니었대요. 게다가 즉흥 대답은 유려하게 잘하지만 정해진 시간 안에 정해진 말을 해야 하는 프레젠테이션에서는 어려움이 많았다고 하더라고요. 그래서 곤혹스러운 일을 한 번 겪은 후 절대 발표자를 시키지 않는다고 해요."

직급이 올라갈수록 회사에 대해 아는 내용이 깊어진다. 전문성이 생기고, 자기 분야에 대한 확신도 크다. 회사의 장점 한 가지만 말해도 10분은 부족하다. 할 말이 많기 때문이다. 하지만 입찰 프레젠테이션은 정해진 시간 안에 중요한 포인트로 상대방을 설득하는 것이다. 시간의 제약이 있다. 잊지 말아야 할 사실은 '하고 싶은 말이 아니라 듣고 싶은 말을 해야 한다'는 점이다. 하고 싶은 말이 많더라도 필요한 내용 이외의 말은 줄이는 것이 입찰 프레젠테이션에서는 중요하다. 말 많은 사람을 별로 좋아하지 않는다.

살벌한 질의응답 시간을 조금이라도 줄이기 위해서, 질문이 나오면 답변을 무조건 길게 하는 게 좋다고 믿는 팀장님을 만난 적도 있다. 물론 살벌한 시간을 줄일 수는 있겠지만 말을 길게 하는 만큼 청중의 관심은 줄어든다. 명료한 답변, 궁금증을 확실하게 해소하는 답변이 좋다. 청중이 궁금해하는 부분, 오해하고 있는 부분, 의심하고 있는 부분을 해소해주어야 한다. 또 한 가지, 질문으로 시간을 끌면 다른 질문을 받을 시간이 부족해진다.

입찰 프레젠테이션에서는 이왕이면 짧은 시간 안에 전달할 내용을 말하는 게 훨씬 경제적이다.

이기는 PT에는 시크릿 노하우가 있다

나 말 좀 해!
−이 회사 직원 맞나요?

여긴 방송국이 아니에요

보통 전문 프레젠터를 구하는 회사에서 가장 먼저 찾는 대상은 아나운서, 쇼호스트, 강사 등과 같이 말하는 직업군일 것이다. 말을 잘하는 직업에 종사하는 사람은 섭외 1순위다. 나 역시 스피치를 전공하고 토론대회에서 수상한 경력이 있는 아나운서 출신이라는 점을 높이 평가받아 한 기업의 전문 프레젠터로 고용되었다.

그런데 이렇게 말을 업으로 삼는 직군, 특히 방송 관련 직군은 입찰 프레젠테이션을 방송과 비슷하게 생각하는 경향이 있다. 그러나 방송과 프레젠테이션은 비슷하면서도 다른 부분이 많다. 같은 말하기라고 하더라도 전달 방식이나 목적이 다르기 때문이다. 경험담 중 하나다. 늘 남들에게 보이는 이미지에 익숙해져서 방송용 메이크업을 하고 화려한 의상을 입고 프레젠테이션을 하러 간

누가 저 대신 프레젠테이션 좀 해주세요

일이 있다.

전문 프레젠터는 전달자라는 측면에서는 방송인과 닮은 점이 있으나 차이점이 더 많다. 방송으로 내보낼 영상에서는 당연히 메이크업이 화려해야 하고 의상도 톡톡 튀어야 한다. 하지만 프레젠테이션은 면대면으로 얼굴을 마주 보고 말하는 자리다. 방송인처럼 과도한 메이크업은 일반인이 보기에 부담스럽다. 일상에서 방송인과 같은 메이크업을 한 사람들을 보는 일은 드물다. 과한 메이크업이나 오버한 듯한 의상은 부담스럽다. 그뿐만 아니라 강렬한 첫인상, 아나운서 같은 말투 등을 보인다면 '저는 외부인이에요'라고 몸으로 말해주는 셈이다. 회사의 직원으로는 보이지 않는다.

한번은 여자 직원이 많은 곳에 프레젠테이션하러 간 적이 있다 (보통 반대의 성별에 호감을 느끼거나 후한 점수를 주는 편이기 때문에, 여성 심사위원이 많다면 깔끔한 외모의 남성 프레젠터가 가는 편이 낫다). 조금 튀는 의상을 입고 갔는데 그곳은 규모가 작은 회사였다. 너무 화려한 복장과 전문적인 화법에 조금은 부담스러워하는 느낌이 들었다. 너무 예쁘면 장사가 잘 안 된다는 말이 있듯이 내용이 외모에 가려지지 않게 주의해야 한다. 프레젠테이션을 통해서 결정을 내려야 하는데 발표 내용보다 프레젠터 개인에게 눈길이 향하게 되기 때문이다.

이기는 PT에는 시크릿 노하우가 있다

이 회사 직원 맞나요?

사내 프레젠터로 일하던 초반에는 "진짜 이 회사 직원 맞나요?"라는 질문을 받기도 했다. 그럴 만도 하다. 일반인에 비해 말솜씨가 너무 유려하기 때문이다. 말을 직업으로 하는 사람들은 티가 난다. 발표 시 능청스럽게 대처하거나 매끄럽게 연결하는 데서 일반인과 차이가 있다. 숙련된 경험에서 나온 자연스러움이다. 그러나 지나치게 프로다운 모습은 좋지 않다.

말 잘하는 사람으로 평가받기 위해 프레젠테이션을 하는 게 아니다. 신뢰감을 주어 수주를 달성하기 위한 말하기다. 약간 어눌해도 괜찮다. 발표 전 떨림을 표현하기도 하고, 실수를 조금 하더라도 별문제가 되지 않는다. 일반인처럼 보이면서 발표할 때 오히려 칭찬받고 결과도 좋았다. 훨씬 자연스럽다는 인상도 주게 된다. 심지어 "이 일만 전문으로 하셔도 될 것 같아요"라고 말한 심사위원도 있었고 "아나운서 해도 되겠어요"라는 말도 들었다. 사업 내용의 이해도를 봐서는 회사 직원인 것 같은데 발표를 잘하니 놀라웠다는 반응이었다. "열심히 연습했는데 좋게 봐주셔서 감사합니다"라고 화답하면서 좋은 분위기로 마무리할 수 있었다.

말을 업으로 삼는 직군이 프레젠테이션을 하면 우선 '말을 너무 잘한다' '매끄럽게 이어지기도 하고, 어색함이 전혀 없다' '말만 잘하는 발표자다'라는 인상을 주지 않도록 조심해야 한다. '이기는 PT'에서 실제로 프레젠터 수업을 진행하면서 "말을 잘하는데 별로 와 닿는 게 없네요"라는 피드백을 주는 예비 프레젠터가 종종 있다. 수업에서는 말을 잘하는데, 막상 발표를 체크해보니 그 사람의 프레젠테이션으로는 입찰 경쟁에서 이기기 어렵다고 판단했다.

입찰 프레젠테이션은 결국 심사위원의 마음을 움직이는 진정성이 중요하다. 대본대로 읽기만 하면 안 된다. 지나친 전문성을 조금 자제하는 것도 좋다.

아나운서처럼 말하시네요

전문 프레젠터를 찾을 때 신뢰 가는 이미지를 보여주는 아나운서 직군은 단연 높은 선호도를 보인다. 하지만 아나운서 출신 프레젠터가 가장 어려워하는 부분이 어미와 어투를 바꾸는 것이다.

아나운서는 당연히 전달력이 좋고 제스처도 좋다. 수많은 연습으로 아나운서 화법을 구사하기 때문이다. 그런데 발표할 때 방송 진행을 하는 느낌이 든다. 아나운서가 되기까지 훈련을 받는 기간이 적지 않고, 실제로 방송을 하면서 말투가 자기도 모르게 일반인과 달라져 있다. 카메라를 보고 불특정 다수를 상대로 말을 하다보니 공식적인 말투와 표준어를 많이 사용한다. 지나치게 정확한 발음을 구사하고 내용을 분명하게 전달하려고 노력하다 보니 전문가 느낌이 난다.

그러나 프로답다는 인상을 주는 것이 입찰 프레젠테이션에서는 별로 중요하지 않다. 프레젠테이션은 방송이 아니다. 방송과 발표의 차이를 기억해야 한다. 내용이 매끄럽게 전달되면 심사위원에게도 호감을 얻을 거라는 생각은 오산이다. 말하기 심사가 아니기 때문이다. 청중도 분명할 뿐만 아니라 바로 앞에서 발표하는 만큼 친근감이 더 중요하다. 카메라를 보고 말하는 것이 아니라 인간 대 인간으로서의 만남이다. 카메라를 가운데 놓고 대중과 거리감 있는 상태에서 말하는 아나운서의 말투는 자제해야 한다. 평상시 대화할 때 쓰는 말투나 사투리가 조금 드러나는 자연스러운 표현이 오히려 인간적으로 느껴진다.

'이기는PT' 강좌에 오는 사람들은 아나운서나 강사 등의 직군에 근무한 경우가 많다. 그래서 말은 잘하지만 입찰 프레젠테이션에 어울리지 않는다는 느낌을 준다. 프레젠터 수업을 할 때마다 "아나운서처럼 말하지 마세요!"를 꼭 강조한다. 특히 "어미에 힘을 빼세요"라는 지적을 많이 한다. 아나운서라는 인상을 주는 프레젠터는 '지나치게 전문적이다' '말 잘하는 사람 데리고 왔구나' '업체 사람이 아니구나'라는 느낌이 고스란히 전해진다. 《아나운서처럼 말하고 스튜어디스처럼 행동하라》라는 책 제목도 있지만 입찰 프레젠터는 완전히 반대로 해야 한다. 아나운서처럼 말하지 않고, 스튜어디스처럼 행동하지 않는 것이다.

나 지금
너무 떨려요
−얼음 땡!

밤새 외웠어요

내일 부장님 앞에서 중요한 제안서를 발표해야 하는 박 대리. 떨리는 마음에 밤새 준비를 하고 발표 내용을 열심히 원고로 쓴다. 발표 경험이 많지 않은 초보자는 중요한 발표를 앞두고 원고를 깨알같이 모두 쓰려고 한다. 흔히 발표할 대본만 있으면 말을 잘할 수 있다고 착각한다. 원고를 만들어서 외우면 적어도 50점은 맞지 않을까 생각한다. 그대로 암기하여 제안서 발표를 할 수 있을까? 남들보다 암기력이 훨씬 뛰어나다면 가능한 일이다. 적어도 5~10분 정도 되는 발표 내용을 완벽하게 외우고 죽어라 연습하면 불가능한 일도 아니다.

회사에 있을 때 일정 때문에 PT를 해드릴 수 없는 상황에서 시나리오라도 달라는 요청을 많이 받았다. 아쉽게도 원고를 쓰는 게 아니라 전체 구조와 스토리텔링만 잡고 자료를 보며 연습하기 때문에 시나리오가 없었다. 발표를 듣는 사람 가운데 시나리오를 그대로 써서 외운다고 여기는 분이 생각보다 많다는 사실을 알게 되었다.

처음으로 돌아가, 그날 박 대리가 어떻게 발표 준비를 하는지 보자. 일단 인사말부터 원고를 쓴다. 자료 하나하나 꼼꼼히 말로 풀어 쓴 다음 그대로 외운다. 조사 하나도 틀리지 않고 완벽하게 시나리오를 암기하려고 노력한다. 내용을 어느 정도 외운 다음에는 말이 막히거나 틀리면 처음부터 다시 시작하여 시나리오를 외운다. 혼자 연습하는데 진도가 나가지 않는다. 발표 시간은 5분인데 연습할 때는 거의 6시간, 10시간 넘게 외운다. 수능시험 치르기보다 어렵다. 암기 과목 시험 찍기보다도 어렵다. 어렵사리 준비한 대본을 갖고 막상 입찰 프레젠테이션 당일에 잘 해낼 수 있을까?

프레젠테이션의 시나리오는 정해진 답이 있는 것이 아니다. 발표자에 따라 발표자의 언어로 말하면 된다. 누가 틀렸는지 맞았는지 평가하는 건 아니다. 뒷부분이 틀렸다고 다시 앞으로 돌아갈 이유는 없다. 당황한다고 "처음부터 다시 하겠습니다"라고 말하면 안 된다. 상황에 맞게 자연스럽게 전달하면 된다. 시나리오를 전부 외워서 발표하면, 틀려서는 안 된다는 생각에 자꾸만 다시 하려고 한다. 그러므로 대본을 외우지 말고 이야기를 구조화하여 슬라이드를 보고 자신만의 언어로 말하는 연습이 필요하다. 또 심사위원은 발표자의 대본을 가진 게 아니다. 대본대로 안 했다고 지적할

누가 저 대신 프레젠테이션 좀 해주세요

사람은 하나 없다. 틀렸는지 맞았는지 심사위원들은 모른다. 틀리면 틀린 대로, 맞으면 맞는 대로 발표하는 게 좋다. 시나리오 작성은 절대 금물. 초보자라면 더욱 그렇다. 한번 대본을 작성하고 암기하는 식으로 연습하여 발표하면 계속 그런 방식에 길든다. 깨알 같은 대본 없이는 남 앞에서 한 마디도 말할 수 없게 된다. (1부의 '이기는 Tip 딜레마 해법편 - 대본/포인터'를 참고하기 바란다)

책 읽으시나요

앞에서 말한 내용과 비슷한 얘기다. 시나리오를 작성한 사람은 대부분 불안한 마음에 원고를 갖고 발표장에 들어간다. 입찰 프레젠테이션의 특성상 긴박하게 발표 준비를 한다. 하루나 이틀 전에 발표 자료가 완성되는 일이 자주 있다. 완벽하게 외우기에도 부족한 시간이다. 그러다 보니 원고를 손에 쥐고 들어가는 것이다. 원고에 의존하여 읽는 경우도 보았다. 그런데 원고 내용만 줄줄 읽는 프레젠터를 볼 때 심사위원은 어떤 생각이 들까?

내용만 기계적으로 전달할 바에는 입찰 프레젠터가 존재할 이유가 없다. 입찰 프레젠테이션은 청중을 설득해야 하는 말하기다. 청중의 반응을 살피고, 청중의 눈을 바라보면서 교감해야 한다. 물론 정서적인 감정을 불러일으키는 감동적인 말하기는 아니다. 적어도 쌍방향 커뮤니케이션 소통이 일어나야 하는데, 읽기만 하는 프레젠터는 매우 딱딱해 보인다. 듣는 사람 역시 편치 않다. 일관적이고 무미건조한 목소리에 쉽게 졸릴 수도 있다. 원고를 반드시 가져가야 한다면 중요한 단어나 구의 형태로 적어서 말하듯이 전달하는 연습을 하는 것이 좋다. 핵심 단어만으로 연결해내는 연습을 해야 한다. 주어진 발표 자료 그대로 읽는 발표를, 귀한 시간 내어 앉아 있는 심사위원들이 들을 이유는 없다.

특히 입찰 프레젠테이션은 화면이 주어지는 경우가 많다. 준비한 원고를 잃어버렸다고 해도 화면은 커닝할 수 있는 좋은 조건이다. 마음을 편하게 먹되, 너무 화면을 보고 읽는 것만 자제하면 괜찮다.

책 읽듯이 말하는 것이 아니라 적어도 강약을 조절하고 내용의 맥락을 물 흐르듯 자연스럽게 이어가야 한다. 말은 내용만이 중요한 게 아니다. 감동적인 스피치는 내용 이상의 무언가가 분명 있다. 완벽히 외운다고 해서 결과가 완벽한 것은 아니다.

얼음 땡!

말하기는 경험과 연습이다. 청중 앞에서 하는 강연이나 프레젠테이션은 모두 연습의 산물이다. 입찰 프레젠테이션은 인원이 제한되어서 소수만 참여할 수 있다. 발표자 외 팀장급 딱 1명만 들어간 경우도 있었다. 입찰 프레젠테이션의 현장을 일반인이 볼 일은 희박하다. 입찰 프레젠테이션 분야가 지금까지 확대되지 않은 이유이기도 하다.

청중의 반응은 또 얼마나 싸늘한지. 발표 경험이 적은 초보 프레젠터는 눈도 맞추지 못하고 그 자리에 가만히 서서 간신히 발표만 하고 내려오기도 한다. 완전 '얼음' 분위기다. 얼음 땡 게임을 할 때는 같은 편이 와서 '땡'을 쳐주어야 한다. 그래야 자유롭게 움직일 수 있는 분위기로 풀린다. '땡'을 해줄 수 있는 사람들이 있으면 좋을 텐데, 그럴 수 없다면 경직된 마음 상태를 스스로 풀어내야 한다. 우리는 대화할 때 상대의 눈을 바라보고 미소를 지으며 말해야 공감을 얻을 수 있다. 대화는 서로의 소통이다. 혼자 떠드는 일이 아니다. 눈을 마주치지 않은 채 자기가 할 말만 쏟아놓는 사람들이 있다면 과연 계속 만나서 관계를 맺고 싶은가? 재수 없는 사람으로 기억하면서 다시는 만나고 싶지 않을 것이다.

비록 평가를 위해 온 심사위원이지만 그들도 결국 사람이다. 입찰 프레젠테이션 역시 사람이 하는 일이다. 얼어붙어 겨우 발표만 마친 프레젠터 vs 눈 맞춤하면서 청중의 반응을 살피는 프레젠터. 누구에게 더 마음이 기울까? 안 봐도 뻔하지 않은가?

발표자 입장에서 한발 물러나 심사위원의 입장을 생각해보는 것도 좋다. 온종일 비슷한 내용의 발표를 연달아 들어야 하는 심사위원. 게다가 공정하게 평가해야 한다. 조금의 대화도 할 수 없는 경직된 발표장에서 발표자마저 얼어서 발표한다면 당연히 좋은 표정을 짓기 어렵다.

사랑은 주고받는 관계다. 일방적인 짝사랑은 실패로 끝날 확률이 높다. 짝사랑일지라도 어느 순간 상대방이 마음을 누그러뜨리는 틈이 있게 마련이다. 틈을 공략하는 것, '얼음 땡'으로 분위기를 누그러뜨리고 조금은 실수해도 괜찮을 거라는 유연한 자세가 필요하다.

프레젠테이션은
어렵다?

박서윤

많은 분이 "프레젠테이션은 어렵다"고 하십니다.

프레젠테이션 책을 쓰게 된 저 역시 너무나 공감하는 말입니다. 하면 할수록 어렵다고 느낍니다. 처음 회사에 입사하여 프레젠테이션을 할 때만 해도 자신감이 넘쳤습니다. 그런데 시간이 지날수록 프레젠테이션 하나에 많은 사람의 땀과 노력, 회사의 비전이 달려 있다는 사실을 깨달았습니다. 그 노고에 보탬이 되고자 말 한 마디 한 마디에 정성을 기울였더니 프레젠테이션의 무게감을 고스란히 느낄 수 있었습니다.

프레젠테이션에 왕도는 없습니다.

어릴 적 "나도 남 앞에서 말을 잘하고 싶다"라고 쓴 일기장을 보고 담임선생님께서 '나의 주장'이라는 발표 대회에 나가라고 권

하셨습니다. 밤에 불을 끄고 원고를 외우다 생각이 안 나면 다시 일어나서 외울 정도로 열심히 연습했습니다. 나중에 "너는 콩을 팥이라고 해도 믿을 정도로 열심히 한다"라는 말을 들을 정도였습니다. 고등학교 시절, 친구들 모두 수능 공부를 할 때 전국 고교생 토론대회에 나가기 위해 신문을 스크랩하고 토론 프로그램을 보며 논제를 정리했습니다. 지금도 프레젠테이션을 준비하는 시기에는 다른 일을 하다가도 좋은 오프닝이 생각날 때마다 적어두고 스스로 만족할 때까지 리허설합니다.

우리는 경쟁의 시대, 표현의 시대에 살고 있습니다.
아무리 좋은 제안이 있어도 제대로 표현하지 못하면 설득하기 어렵습니다. 실제로 회사에서 프레젠테이션을 잘해서 남들보다 더 인정받는 직원을 봤습니다. 역으로 프레젠테이션을 잘하지 못해서 불이익을 당했다며 도움을 요청하는 직원도 있었습니다. 경쟁 프레젠테이션은 일정이 급하게 잡히거나 변경되는 경우가 많습니다. 회사에서도 갑자기 보고해야 하는 일이 생길 것입니다. 짧은 시간 안에 효율적으로 발표를 준비하는 방법을 몰라 힘들어하는 분들에게 '길라잡이' 같은 책이 되고 싶습니다.

《누가 저 대신 프레젠테이션 좀 해주세요》가 나오기까지 많은 분의 도움이 있었습니다. 이 자리를 빌려 감사하다는 말씀을 드립니다. '이기는PT'가 있을 수 있도록 먼저 손 내밀어주신 최홍석 공동 대표님, 프레젠터로서의 비전과 기록의 중요함을 알려주신 스토리웍스 박주훈 대표님, 이기는PT를 늘 서포트해주시는 한국프레젠터협회, 무엇보다 이기는PT가 성장할 수 있도록 항상 함께해주시는 이기는PT 가족들 너무 감사합니다.

1호 프레젠터로 입사해 사업과 지역을 가리지 않고 무수한 경험을 할 수 있도록 기회를 주신 아워홈과 따뜻하게 격려해줬던 동료들, 이기는PT와 저를 믿고 매번 의뢰해주시는 CJ와 현대건설을 비롯한 많은 고객사에도 감사 인사를 드리고 싶습니다.

'말'이라는 한길을 갈 수 있도록 성격을 바꿔주신 정혜순, 김진섭 선생님, 토론의 세계로 저를 끌어준 한결 언니, 사랑으로 제자를 품어주시는 김태용 교수님 고맙습니다.

어떤 결정을 내려도 믿고 응원해주는 든든한 내 편인 남편 박영재 님과 언제 책이 나오느냐고 항상 관심 가져주시는 시부모님, 동생과 누나 일이라면 발 벗고 나서주는 내 인생 최고의 선물 선옥, 순옥, 경호 언니와 중혁이, 욕심 많은 딸 뒷바라지하느라 고생 많으셨던 우리 아버지, 넷째 딸을 아낌없는 사랑으로 키워주신, 세상에서 가장 존경하는 조 여사님, 사랑하고 고맙습니다.

이 책이 나오는 과정에서 세심한 부분까지 챙겨주신 씽크스마트 김태영 대표님께 깊은 감사를 드립니다.

'이기는PT' 가족인 강동훈, 권태호, 김지윤, 박성진, 변은경, 안효정, 엄민혜, 이광일, 장윤열, 권인아, 김수현, 양근영, 이승훈, 조용호, 최진우, 최현서, 한가은, 홍종윤, 김민경, 김샛별, 최란, 최진, 최리나, 홍희대, 권하연, 김주리, 박인아, 김광영, 박권, 이소영 님께도 감사의 인사를 전합니다.

'이기는PT'를 믿고 많은 프로젝트를 맡겨주신 고객사 삼성전자, 제일기획, CJ프레시웨이, 쌍용정보통신, 현대건설, 대우건설, 코오롱글로벌, 유니모토, 니즈스페이스, 플랜박스, AURA E&S, 블렌트, 지엠컴, 원케어메디, 금맥산업개발, 투바앤, 애드마, 네오트랜스 등 많은 고객사 덕분에 저희가 있다는 사실을 잊지 않겠습니다.

누가 저 대신 프레젠테이션 좀 해주세요

그 누구에게도 물어볼 수 없던 분야, 입찰 PT

최홍석

첫 직장부터 저는 영업을 했습니다. 카페, 음식점, 학원, 병원 등이 오픈할 때 인테리어와 익스테리어를 해주는 영업이었습니다. 내성적인 제게는 큰 도전이었죠. 1년 동안 수익을 만들어내지 못한 제게 회사 대표님은 갑자기 사무실 근처에 있는 백화점으로 가서 마음에 드는 구두를 하나 고르라고 했습니다. 1년간 수익도 만들지 못하는 직원에게 왜 이러시는 걸까 싶었습니다. 그런데 웃으며 "좋은 걸로 하나 골라"라고 하셨습니다. 그리고 이렇게 말씀하셨습니다. "다 닳으면 또 사줄 테니 열심히 또 뛰어봐."

그 한마디는 제게 참 큰 힘이 되었습니다. 그리고 열심히 달려서 첫 번째 간이역이라는 꼬치구이 전문점을 시작으로 몇 개의 프랜차이즈 업체와 계약을 따냈습니다. 지금 생각해보면 그게 바로

B2B 경쟁 PT였던 거죠. 구두를 선물해주신 최강석 사장님이 안 계셨다면 저는 경쟁 PT를 계속할 수 없었을 겁니다.

그런 저를 홈쇼핑으로 소개해주신 성우 윤정희 님, 그분의 소개로 만난 제 인생의 멘토 김효석 박사님. 김효석·송희영 홈쇼핑 아카데미를 운영하시던 김 박사님께 프레젠테이션을 전문적으로 배우고 싶다고 했더니 "곧 생길 거니까 일단 쇼호스트과 수업을 듣고 있으면 된다"라고 하셨습니다. 그 말씀을 듣고 시작한 홈쇼핑 쇼호스트. 참 감사하게도 말 한마디로 어떻게 설득하는지 방법을 알려주고 프레젠테이션의 뼈대를 잡아주셨습니다. 아카데미에 프레젠터과는 아직 생기지 않았지만 저는 김효석 박사님과 함께 ㈜한국프레젠터협회를 만들고, 많은 멤버와 입찰 전문 프레젠터 회사 '이기는PT'를 세우고 운영하게 되었습니다. 감사합니다.

새로운 분야인 입찰 PT는 바로 이어졌습니다. 'MC는 무대 위의 연출자다. 그림을 잘 그리는 MC가 되어야 한다'며 전체를 바라보는 눈을 넓혀주신 MC 멘토 김진 님의 소개로 행사 입찰 PT의 기회가 생겼고, 행사는 제가 자신 있는 파트라서 더 재미있고 쉽게 발표할 수 있었습니다. 그곳에서 PT를 만드는 회사와 함께 일하게 되었고, 10년 넘게 축제, 여행, 대회, 전시, 홍보, 행사 대행, 게임, 기계, IT, 건설, 지하철 운영 등 수백 건의 입찰 PT를 경험하게 되었습니다.

그때를 돌아보면 '어떻게 해야 되지? 이렇게 하는 게 맞나?' 그

누가 저 대신 프레젠테이션 좀 해주세요

누구에게도 물어볼 수 없었던 분야가 바로 입찰, 경쟁, 제안 프레젠테이션이었습니다. 이론은 알고 있으나 실전을 경험한 사람을 찾기란 참 어려웠죠. 그래서 10년 동안 실패를 맛보며 하나하나 노하우를 쌓아 만든 책이 바로 《누가 저 대신 프레젠테이션 좀 해주세요》입니다. 저처럼 '프레젠테이션은 어떻게 해야 하지? 누구에게 무엇을 물어봐야 하지?' 방향을 잡지 못한 분께 이정표 같은 책이 되면 좋겠습니다.

너무 넓은 경쟁, 입찰, 제안 프레젠테이션 세계에서 혼자만의 경험으로는 부족하다는 생각이 많이 들었습니다. 그런 제 앞에 참 고마운 분이 다가와 주셨습니다. 이분이 안 계셨다면 회사를 세우는 일도, 책을 만들어가는 과정도 어려웠을 겁니다. 이기는PT 공동대표 박서윤 님께 감사하다는 말씀을 드립니다.

그리고 사람의 마음을 가장 잘 사로잡는, 제 인생의 설득 교과서 어머니, 아버지, 늘 든든하게 응원해주시는 장인어른, 장모님, 처남, 누나 1, 2, 3(인주, 영주, 인선) 님, 쇼호스트의 센스로 이기는PT의 방향을 잘 잡아준 사랑하는 아내 허윤선 님에게 감사의 말씀 전합니다.

이 책이 나오는 과정에서 세심한 부분까지 챙겨주신 씽크스마트 김태영 대표님께 깊은 감사를 드립니다.

'이기는PT' 가족인 강동훈, 권태호, 김지윤, 박성진, 변은경, 안효정, 엄민혜, 이광일, 장윤열, 권인아, 김수현, 양근영, 이승훈, 조용호, 최진우, 최현서, 한가은, 홍종윤, 김민경, 김샛별, 최란, 최진, 최리나, 홍희대, 권하연, 김주리, 박인아, 김광영, 박권, 이소영 님께 도 감사의 인사를 전합니다.

'이기는PT'를 믿고 많은 프로젝트를 맡겨주신 고객사 삼성전자, 제일기획, CJ프레시웨이, 쌍용정보통신, 현대건설, 대우건설, 코오 롱글로벌, 유니모토, 니즈스페이스, 플랜박스, AURA E&S, 블렌트, 지엠컴, 원케어메디, 금맥산업개발, 투바앤, 애드마, 네오트랜스 등 많은 고객사 덕분에 저희가 있다는 사실을 잊지 않겠습니다.

이기는PT

이기는PT는 입찰(경쟁, 수주, 제안) 프레젠테이션을 기반으로 하는 전문 프레젠터 회사입니다.

입찰, 경쟁, 수주, 제안 프레젠테이션은 비즈니스 프레젠테이션의 최고봉이라 불리며 설득 프레젠테이션의 꽃이라고 일컬어집니다. 입찰 프레젠테이션 한 번에 수백만 원에서 수십억까지의 결과를 좌우하므로 성공률을 높이기 위한 치밀한 전략이 필수입니다. 정해진 인원만 참가할 수 있는 입찰 프레젠테이션의 특성상 다양한 현장을 경험한 전문 프레젠터만이 입찰 PT의 예측 불가한 상황에 순발력 있게 대처할 수 있습니다.

현대는 설득의 시대입니다. 우리는 매일 누군가를 설득해야 합니다. 기업도 마찬가지입니다. 특히 입찰 프레젠테이션은 짧은 시간 안에 상대를 설득해야 하는 가장 치열한 프레젠테이션입니다. 사업의 성패를 가르는 입찰 PT의 성공률을 높이려면 각각의 상황에 맞는 '나만의 이기는 전략'이 필요합니다.

이기는PT는 오직 고객 여러분만을 위한 필승 전략부터 키맨을 사로잡는 화법, 예측불허 돌발 상황에도 유연하게 대응하는 대처법까지 이기는PT의 맞춤형 필승전략으로 고객 여러분께 성공을 드리겠습니다.

(사)한국프레젠터협회

한국형 프레젠테이션을 연구하고 발전시키는 모임입니다. 누가 전달하느냐에 따라 행위와 결과가 달라집니다. (사)한국프레젠터협회는 인성을 연구하고, 개발하고, 표현하는 인성교육을 통해 각계 프레젠테이션 전문가들과 함께 평가하고 교육하는 공간입니다.

셀프헬프
self·help
시 리 즈

"나다움을 찾아가는 힘"

사람들은 흔히, 지금의 내가 어제의 나와 같은 사람이라고 생각한다. 이것만큼 큰 착오가 또 있을까? 사람은 매 순간 달라진다. 1분이 지나면 1분의 변화가, 1시간이 지나면 1시간의 변화가 쌓이는 게 사람이다. 보고 듣고 냄새 맡고 말하고 만지고 느끼면서 사람의 몸과 마음은 수시로 변한다. 그러니까 오늘의 나는 어제의 나와는 전혀 다른 사람이다. 셀프헬프self·help 시리즈를 통해 매 순간 새로워지는 나 자신을 발견하길 바란다.

셀프헬프 self·help 시리즈 ❶

꿈드림
당신이 성공할 수밖에 없는 22가지 이야기

유형근 지음 / 260쪽 / 12,000원

세상의 리더가 되기 위한 첫 번째 실천 과제

허리띠를 졸라매야 하는 지친 중년과 취업의 문턱에서 자신만의 싸움을 강행하는 젊은이에게 저자의 경험담을 소개하며 실패에서 얻은 비전을 제시한다. 지극히 보통사람인 저자가 '비전멘토' 강현구 교수를 만나며 현재에 이르게 된 감동적인 이야기이다.

좌절을 경험 삼아, 자신을 위한 새로운 미래를 그리는 비전을 세울 수 있느냐, 없느냐가 성공의 차이를 만든다. 그 차이의 비밀을 3Look 단계로 설명한다. 과거-현재-미래를 스스로 되짚어보며 진단하고, 예측할 수 있도록 실사례로 소개한다. 날짜와 함께 적어두면 목표가 되고 목표를 잘게 나누면 계획이 되며 계획을 실천하면 꿈이 된다.

셀프헬프 self·help 시리즈 ❷

두 번째 인생
인생 2막을 준비하는 한국형 하프타임 실천전략

손병기 지음 / 210쪽 / 12,000원

한국 실정에 맞는 하프타임 실천전략

우리 사회에는 '은퇴 난민 예비자'처럼 은퇴자의 서글픔을 드러내는 단어들이 회자된다. 재정, 자녀, 건강, 노후 준비 등으로 지친 40~50대 직장인의 현실을 드러내 공감대를 형성하고 그들이 느끼는 두려움에 대안을 제시한다. 이 책은 나만의 필살기로 인생 후반전에 성공한 사람들을 제시해 동기 부여를 하는 인생 이모작 준비서이다.

걱정과 근심을 떨치고 변화를 넘어 변환의 길로 가야 할 때 하프타임의 경험은 우리를 변화로 이끄는 에너지원이 될 것이다. 하프타임은 인생의 전환점에서 자기를 찾아 떠나는 여행이며 새로운 후반전을 준비하는 시간이다. 이를 알고 인생의 후반전을 가치와 사명을 향해 달릴 때 그 사람은 전반전의 경험과 그 바탕 위에 새로 세운 인생의 사명을 위해 살 수 있다.

셀프헬프 self·help 시리즈 ❸

일상에서 발견하는 소소한 심리 이야기
나다움을 찾아가는 80가지 지혜

송관 지음 / 268쪽 / 15,000원

한 가지는 반드시 고친다

산업교육 현장에서 '변화'를 고민하던 저자가 인간심리를 이야기한다. 평생 강의하며 모은 자료와 내면 세계를 관찰하며 얻은 마음의 통찰로 문제를 제기하며 심리학 실험 이야기와 훈련방법을 기술하여 행동을 변화시키도록 구성하였다.

저자는 사고의 변화를 가로막고 성장을 방해하는 것으로 먼저 '두려움, 생각에 한계 긋기, 선택적 지각에 의한 고정 관념 강화'를 든다. 또한 행복해지기 위한 연습이 육체노동과 비슷해서 끊임없이 훈련해야 효과를 볼 수 있다고 한다. 자기진단하기, 행복일지 작성하기, 자애명상하기 등 변화와 궁극적 행복에 이르는 다양하고 구체적인 방법을 제시하였다. 이것을 일상적으로 반복하여 훈련하면 긍정적으로 변화된 마음이 생기고 그 마음이 모이면 조직에서 승자가 될 수 있다.

셀프헬프 self·help 시리즈 ❹

협상의 한 수
일상에서 발견하는 승부의 비밀

오명호 지음 / 234쪽 / 13,000원

한 가지는 반드시 고친다

'no'를 'yes'로 바꾸는 37가지 협상 이야기. 살면서 부닥치는 다양한 거절을 기회로 만드는 협상에 관한 연구다. 협상이 '우리 일과 삶에 유용한 도구'라는 점을 경험담, 주변에서 관찰하며 수집한 이야기, 영화와 드라마 속 현실적 사례로 알려준다. 일상이나 비즈니스 현장에 응용할 협상 기술의 가이드라인을 제시한다.

PART 1은 협상에 대한 잘못된 생각과 성공 원칙을 다룬다. PART 2는구매, 영업 등 다양한 비즈니스 협상에서 상대를 원하는 방향으로 이끄는 커뮤니케이션 기술을 익히도록 구성했다. PART 3은 설득, 흥정, 컴플레인 등 삶에 긴요한 협상법을 알려준다. 상대에게 부탁하거나 설득할 때, 물건 가격을 깎거나 새 가전제품의 환불을 요청하는 등 일상 에피소드 중심으로 풀었다.

셀프헬프 self·help 시리즈 ❺
굿잡
직장인 성장공식 일×관계+변화÷휴식

이판노 지음 / 282쪽 / 14,500원

'26가지 밀착 조언' 팀장님이 읽어보라고 한 책!

30년 이상 영업, 마케팅, 전략, 인사, 교육 CS 등 거의 모든 보직을 거쳐온 멀티플레이어 직장 선배가 그동안 경험에서 얻은 깨달음 그리고 급변하는 사회에서 시대를 관통하는 힘을 갖고자 부단히 배우며 쌓은 지적 활동을 바탕으로 한 책. 매주 월요일 아침, 후배들 질문에 멘토가 되어 답하고 함께 고민하며 공감하는 편지 한 통씩 사내 인트라넷에 올렸던 것 가운데 일부를 엮었다.

생각하면서 배우고, 배우고 생각하며, 직장에서 시간적 여유를 자연스럽게 만들어 배울 방법을 알려준다. 학습과 실천을 강요하는 게 아니라 직장인이 이미 제 안에 가진 것을 찾아 느끼며 일하고 관계 맺고 성장할 수 있도록 돕는다.

셀프헬프 self·help 시리즈 ❻
누가 저 대신 프레젠테이션 좀 해주세요
경쟁, 입찰, 수주, 제안 프레젠테이션 현장 실사례

박서윤, 최홍석 지음 / 259쪽 / 14,000원

이기는 프레젠테이션 쇼

가장 까다롭고 어려워서 프레젠테이션의 꽃이라 불리는 입찰 프레젠테이션을 익힌다면 설득을 기반으로 하는 모든 프레젠테이션에 한 걸음 가까워질 수 있다. 10년 이상 입찰(수주, 제안, 경쟁) 프레젠테이션을 진행한 전문 프레젠터와 대기업에서 1년 100여 건의 입찰 프레젠테이션을 진행한 전문 프레젠터가 발표를 효율적으로 준비하고, 제대로 할 실전 노하우를 전한다.

건설, 식품, 교육, 홍보, 전시, IT, 가전, 패션 등 다양한 분야의 입찰 프레젠테이션을 해왔기 때문에 위기나 돌발상황에 어떻게 대처해야 하는지 구체적인 방법을 낱낱이 밝혀준다.